一本经 长短 反经

东篱子 ◎ 编著

中国华侨出版社
·北京·

图书在版编目(CIP)数据

长短一本经：反经 / 东篱子编著. -- 北京：中国华侨出版社，2010.9（2025.9重印）
ISBN 978-7-5113-0677-7

Ⅰ. ①长… Ⅱ. ①东… Ⅲ. ①人生哲学－通俗读物 Ⅳ. ①B821-49

中国版本图书馆CIP数据核字(2010)第180651号

长短一本经：反经
CHANGDUAN YIBENJING：FANJING

编　　著：	东篱子
责任编辑：	王慧玲
经　　销：	新华书店
开　　本：	710毫米×1000毫米　1/16开　　印张：12　　字数：131千字
印　　刷：	三河市富华印刷包装有限公司
版　　次：	2010年9月第1版
印　　次：	2025年9月第2次印刷
书　　号：	ISBN 978-7-5113-0677-7
定　　价：	49.80元

中国华侨出版社　北京市朝阳区西坝河东里77号楼底商5号　　邮编：100028
发行部：（010）64443051

如果发现印装质量问题，影响阅读，请与印刷厂联系调换。

前言

一部好书，犹如一个智慧的锦囊，它能带给人们深思、感悟与教益。在丰富、深厚的中国传统文化中，《反经》就是其中的一个瑰宝。

《长短经》是唐代学者赵蕤编写的一本纵横学著作，亦称《反经》。为历代有政绩的帝王将相所共悉，被尊奉为小《资治通鉴》。作者赵蕤也因此显名于世，时人称"赵蕤术数，李白文章"。毛泽东也说《资治通鉴》是权谋，是阳谋，《长短经》是阴谋，是诡谋。不管评价是褒是贬，《长短经》的确深入地剖析了君臣谋略的利害得失，不失为官场学扬名立万的顶级范本。

全书分为大体、任长、品目、量才等多方面内容，对治国之术、任人之术、用兵韬略、权变之谋等进行了具体的阐释，为现实生活中的思想家、政治家、军事家和实业家提供了卓有成效的谋略武器并展现了无限生机。这无疑具有重大的意义。

如今的社会就是一个竞争激烈的战场，你若没有能力、没有本事，便很难在当今的社会立足。而社会中又到处充斥着尔虞我诈，稍不留神，你可能就成了别人的俎上之肉。所以，若想在这样的社会中如鱼得水地生活，不懂得一点生存之道是不行的。

为此，我们编撰了《长短一本经：反经》。本书对原文进行了精心的筛选，配以通俗易懂的事例进行深层次的解读，尽量对原文做到了透彻深刻的解析，相信通过阅读该书，对于想改变自己命运的你一定会有不小的帮助。

读《长短一本经：反经》，以古为镜，慎察既往，以戒今失。春风得意时不会得意忘形，乐极生悲。穷途末路处也许正是柳暗花明时，得失之间，坦然淡定！

目录

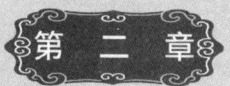

任长——会用人者大器早成

知人长短善用其优　　　　　　　　001
量才适用才职相配　　　　　　　　004

品目——知品目学识人之道

知于前方能断于后　　　　　　　　007
识人本质实践察人　　　　　　　　009

第三章

量才——知量才可晓识人之法

以德取才　　　　　　　　　　　　013
以实践察人不靠人言识才　　　　　016

知人——不知人不能识人才

从性格来察人　　　　　　　　　　020
细致观察辨人才　　　　　　　　　024

论士——成败之举在于人才

利用善言之人游说对方　　　　　　　　027

扬长避短舍近求远　　　　　　　　　　030

政体——政体之道关乎企业生存

礼法结合　　　　　　　　　　　　　　033

对症下药　　　　　　　　　　　　　　036

君德——知君德方可得人心

宽猛相济　　　　　　　　　　　　　　039

兼施威猛治乱　　　　　　　　　　　　041

臣行——知臣行才能成霸业

持正不挠心如铁石　　　　　　　　　　046

赏罚分明严格执法　　　　　　　　　　049

第九章

德表——立身处世的依据

严令军纪以身作则　　052
身正令从　　054

第十章

反经——知反经以晓规范用度之策

沽名钓誉　　057
立规成方圆　　060

第十一章

适变——知适变而晓权谋

顺风放火　　063
乘败而击　　065

第十二章

霸图——人脉是图就霸业的基石

以信取人　　067
以仁义治国　　069

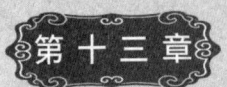

第十三章

七雄略——由此窥管理之道

以诚用人　　　　　　　　　　072
收拢人心　　　　　　　　　　074

第十四章

钓情——知钓情悟取悦之道

察言观色秉顺上意　　　　　　077
观色见异兆　　　　　　　　　080

第十五章

诡信——忠信的另类解读

将计就计保护自己　　　　　　083
笑里藏刀争权势　　　　　　　086

第十六章

忠疑——练就慧眼，去疑辨忠

用人不疑不可偏听　　　　　　090
坦荡处世　　　　　　　　　　092

第十七章

恩生怨——知恩生怨从而谨慎处世

怨而生愤图谋篡位　　　　　　　095
谨小慎微处处留心　　　　　　　098

第十八章

诡顺——知诡顺掌握大义之道

深明大义知主而报　　　　　　　101
励主思进　　　　　　　　　　　105

第十九章

难必——成功只能靠自己

吉祥自求不在天降　　　　　　　107
物质激励　　　　　　　　　　　110

第二十章

昏智——神清智明才能作出正确的判断

能屈能伸以屈求存　　　　　　　112
莫感情用事以大局为重　　　　　115

第二十一章

卑政——行卑政解决实际问题

萧规曹随 …………………………… 118

吃饭穿衣看家当 …………………… 121

二十二章

善亡——成功不可一蹴而就

铺平前路再思进取 ………………… 123

积才得势谦谨奉身 ………………… 125

第二十三章

诡俗——知诡俗辨忠奸

不计私怨减免内争 ………………… 128

依法量决 …………………………… 131

第二十四章

息辩——立身从政，掌握行本

查清真相再做决断 ………………… 134

独有定见不信谗言 ………………… 136

第二十五章

傲礼——反其道而行成就更大

统筹全局　　　　　　　　　　139

逆向行事　　　　　　　　　　142

第二十六章

道德——积恩施德得民心

以德服人稳定军心　　　　　　146

施恩布惠留才爱才　　　　　　148

第二十七章

禁令——胜者禁令必明

当严必严　　　　　　　　　　150

杀一儆百　　　　　　　　　　152

第二十八章

料敌——料敌把握制胜先机

料敌于先，取得主动权　　　　155

拖垮敌军　　　　　　　　　　157

第二十九章

攻心——作战的上上之策

对小人物巧施攻心术　　　　　　159

单人震万敌　　　　　　　　　　160

第三十章

格形——攻其所爱，转移其力

攻其必救　　　　　　　　　　　163

攻魏救赵　　　　　　　　　　　166

第三十一章

变通——决策须随机应变

将计就计　　　　　　　　　　　170

欲取先予使敌懈怠　　　　　　　172

第三十二章

还师——读还师知保身之道

把功劳留给上司　　　　　　　　175

安身立命之术　　　　　　　　　178

第一章

任 长

——会用人者大器早成

知人长短善用其优

原典

《淮南子》曰:"天下之物莫凶于奚毒,然而良医橐而藏之,有所用也。麋之上山也,大章不能企;及其下也,牧竖能追之。才有修短也。胡人便于马,越人便于舟,异形殊类,易事则悖矣。"

魏武诏曰:"进取之士,未必能有行;有行之士,未必能进取。陈平岂笃行,苏秦岂守信耶?而陈平定汉业,苏秦济弱燕者,任其长也。"

译文

《淮南子》中说:"天下的物品没有比奚毒更骇人的了,然而良医却把它装在药袋中收藏起来,因为它能用来治病。麋鹿上山的时候,大章(传说善走的人)都追不上它;而等它下山的时候,连三尺的牧童都能追上它,这是麋鹿上山和下山的本领有所不同的缘故。北方的胡人擅长马术,南方的越人便于舟船,情形不同,种类互异,若让越人骑马、胡人操舟,则于事理相背。"

魏武帝的诏书上说:"富于进取精神的人未必有高尚的德行;具有高尚德行的人未必有进取的精神。难道陈平算得上德行高尚,苏秦算得上是守信的人吗?然而陈平辅佐刘邦奠定了汉王朝的基业,苏秦使弱小的燕国自强于诸侯之林,这是人的特长得以充分发挥的缘故。"

智慧解析

用人的首要前提是一定要会"识人"。如果一个领导者不会识人,对自己的下属各自的性格、特点、长处和缺点没有一个清楚的认识,那么他又何谈正确地用人呢?可是,要迅速、全面而正确地观察出一个人比较重要的各种素质并非易事,这需要领导者对于识人术有着比较高的造诣。

当然,作为一个领导者,千万不要期待任何形式的完美无缺,这无论在理论上还是现实上都是行不通的。领导者用人,贵在知人长短,取

其所长，避其所短，这样才能让每个人都充分发挥他的才能。

李卫，字又玠，江苏铜山人。康熙五十六年以捐纳入仕，为兵部员外郎。两年后，调户部郎中。雍正登基后始用外任，历任道员、布政使、巡抚、总督。李卫的个性极强，他的优点和缺点也都十分突出。他敢作敢为，办事一向以国事为重，雷厉风行，所到之地都能顿见成效。但是，他生性骄纵，对上官粗率无礼，对属下极为刻薄，有时还接受他人的馈赠。

对这样一个优缺点都十分明显的人，雍正帝正是看中了他的长处而委以重任，同时对他的缺点不断加以批评教育。李卫曾任浙江巡抚，调任后仍干预浙江事务，为后任程元章密参。雍正帝就此批道："李卫之粗率狂纵，人所共知者，何必介意。朕取其操守廉洁，勇敢任事，以挽回瞻顾因循，视国政如膜外之颓风耳。除此他无足称。"这段话基本上反映了雍正帝对李卫的看法，也表明了重用李卫的原因。一方面赞扬他勇敢任事，操守好，同时也批评他粗率狂纵，不注意小节。而重用李卫的原因，是要以他为榜样，教育那些尸位素餐、无所事事者，以改变"视国政为膜外"的颓废风气。

人才不是全才，是人就有缺点，一个领导者不能因一个人的缺点就否定了这个人，那样只会使自己缺少一个有力的臂膀。知其长短而善用其优，充分发挥其特长为自己所用，这才是领导者应有的重要识人才能，由此才能成大业。

量才适用才职相配

原典

由此观之，使韩信下帏，仲舒当戎，于公驰说，陆贾听讼，必无曩时之勋，而显今日之名也。故"任长"之道，不可不察。

译文

由此看来，假若令韩信著书立说，令董仲舒统兵打仗，令于公（善断狱）游说诸侯，令陆贾听讼断狱，他们必定难以建立济世的功勋，而扬名于今日。所以"任用人的长处的道理和方法"，是不可不认真研究的。

智慧解析

事业为本，人才为重，人事两宜是用人的重要原则。人事两宜包括两个含义：第一，按照需要，量才使用。社会的发展不仅迫切需要各方面的人才，而且也为发挥人才的作用开辟了广阔的道路。积压人才，所用非所学，不把人才分配到最能发挥其专长的地方去，强人所难，就会影响企业的发展。第二，要了解人，而且要了解得彻底，还要有全面的观点，在使用人才时要职能相称，量才适用，适才所用。人才是有不同层次和类型的，要做到大才大用，小才小用，使相应的人才处于相应的等级岗位，把人的才能、专长与岗位、职务、责任统一起来。

在选人用人的时候，不仅要考虑全局，教育人们服从需要和分配，而且必须考虑人才的志趣、特长、气质、能力，做到合理使用，让每个人去干自己最擅长的工作，为他们提供充分施展才能的条件和机会，不要强人所难。这样既能避免大材小用、人才闲置，浪费人才，也能避免小才大用、才不称职，贻误工作。

高明的管理者在管理人才时，总是根据人才的潜能、特长和品德合理地使用他们，分配给人才使用的权力必须足够使其发挥作用，如果出现错误，结合其优势督促他们合理改进，他们自然会愉快地接受。如果分配给人才的职位根本不能发挥他们的才能，在这种情况下，他们连适应都来不及，哪里还能发挥什么才干呢？

唐德宗年间，刘晏长期担任转运使，执掌财政大权。刘晏精力充沛，机智多谋，善于处理复杂多变的事务，不管多么曲折，他都能办得恰到好处。他曾以优厚的待遇招募善于奔走的人，把他们依次安置在前后相望的地方，以探测上报各地的物价情况。即使偏远之地，几天之内，也能报到转运使司。他把钱粮轻重权变都掌握在自己手中，国家在获利的同时，百姓也无物价涨落的忧虑。

刘晏主张："要处理好事务，关键在于用人得当。所以一定要选择通达敏捷、精明强干、廉洁勤勉之人加以任用。例如考核簿籍文书，支付钱粮等事宜，要交给读书人去做，做吏人的只能书写公文，不应随便讲话。"他常说："读书人一旦贪赃受贿，就会被时世所抛弃，由于声名重于财利，所以大多数读书人注重清廉自修；而吏人即使廉洁自守，最终也不能获得显贵的殊荣，由于财利重于名望，所以大多数吏人贪污受贿。"然而，只有刘晏才能实行这些主张，别人效法他，始终也赶不上。刘晏的下属即使在数千里之外奉行刘晏的命令，也还是和在他面前一样，说话办事，从不敢有欺骗行为。当时，有些权贵把自己的亲朋故旧托付给刘晏，刘晏也应承下来，所给薪俸，升迁官阶，都符合他们的意愿，但从不让他们亲理事务。他负责的交场、船场、巡院等处，凡是重要职位，必要选拔当时最得力的人担任。所以，刘晏死后，接替他掌管财赋的有名人物，大多是刘晏以前的旧部下。

用一个人不仅要知其长短，还要注意量才适用，才职相配。倘若让一个不善理财之人理财，那么只会越理越亏，得不偿失。只有放置人才于恰当的位置，才能最大限度地发挥他们的能力。

管理者要做一个现代的伯乐并不难，只要你在人与事的主次上恰当把握，就会做到因事设人，而不是因人设事。这样就会使每个人在公司都能胜任自己的工作，每项工作都有合适的人来完成，从而提高公司工作的整体效益。一个公司要充满生机，前提是人人有其责，事事有人做，时时见效率，而这正是因事设人的益处。

第二章

品 目

——知品目学识人之道

知于前方能断于后

原典

夫天下重器,王者大统,莫不劳聪明于品材,获安逸于任使。故孔子曰:"人有五仪:有庸人,有士人,有君子,有圣,有贤。审此五者,则治道毕矣。"

译文

国家社稷的长治久安,王位的稳定和延续,莫不取决于对人才的鉴识和正确使用。所以,孔子说:"人可分为五类:庸人、士人、君子、圣人和贤人。能详察这五种人并分别妥当运用的人,就算完全掌握了治国

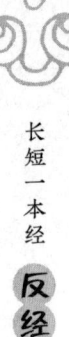

安邦的方法了。"

智慧解析

人才兴则国家兴，人才亡则国家亡。要使国家兴旺发达，必须及时发现人才，合理使用人才，不能按其出身贵贱而另眼相待，而要知人善任，论功行赏，否则就会埋没人才，浪费人才，给国家带来巨大的损失。

八月，壬子，太宗对司徒长孙无忌等说："人们苦于不知道自己的过失，你可以为朕说明。"无忌答道："陛下的文德武功，我们这些人承顺都应接不暇，又有什么过错可言呢？"太宗说："朕向你们询问朕的过失，你们曲意逢迎使我高兴，朕想当面列举你们的长短处以相互借鉴改正，你们看怎么样？"众人急忙叩头称谢。

太宗说："长孙无忌善于避开嫌疑，应答敏捷，断事果决超过古人；然而领兵作战，不是他的长处。高士廉涉猎古今，心术明正通达，面临危难不改气节，做官没有私结朋党；所缺乏的是直言规谏。唐俭言辞敏捷善辩，善解人意，事奉朕30年，却很少谈论朝政得失。杨师道性情温和，自身少有过失；但性格怯懦，缓急之事不可以依托。岑文本性情质朴敦厚，文章写得华美，然而持论多引经据典，自然与事理不合。刘洎性格最坚贞，讲究功德，然而崇尚许诺信用，对朋友有私情。马周处事敏捷，性情正直，评论人物，直抒己见，朕以前委任他做事，多能称心如意。褚遂良年龄大学问也大，性情耿直坚定，每每倾注他的忠诚，亲附于朕，就像飞鸟依人，人见了自然怜悯。"知人才能善任。唐太宗对大

臣了若指掌，所以用人能扬长避短，从而使得大臣们能各司其职，忠于职守。

要想管理好一个机构，领导者就必须知道怎样鉴识和正确使用人才，如此才能妥当安排事务，保证机构的长远、快速发展。识人之法便是领导者管理好一个机构的基本才能。

识人本质实践察人

原典

所谓庸人者：心不存慎终之规，口不吐训格之言，不择贤以托身，不力行以自定，见小暗大而不知所务，从物如流而不知所执。此则庸人也。

所谓士人者，心有所定，计有所守。虽不能尽道术之本，必有率也；虽不能遍百善之美，必有处也。是故智不务多，务审其所知；言不务多，务审其所谓；行不务多，务审其所由。智既知之，言既得之，行既由之，则若性命形骸之不可易也。富贵不足以益，贫贱不足以损。此则士人也。

所谓君子者：言必忠信而心不忌，仁义在身而色不伐，思虑通明而辞不专，笃行信道，自强不息，油然若将可越而终不可及者。

此君子也。

所谓贤者：德不逾闲，行中规绳，言足法于天下而不伤其身，道足化于百姓而不伤于本，富则天下无菀财，施则天下不病贫。此则贤者也。

所谓圣者，德合天地，变通无方，究万事之终始，协庶品之自然。敷其大道而遂成情性，明立日月，化行若神，下民不知其德，睹者不识其邻。此圣者也。

译文

所谓庸人是指：胸无大志，不求声名，谈吐中缺乏有教养的语言，既不能选择贤明之主赖以托身，又不能以自己的努力安身立命，目光短浅，不识大局，不知道自己应该做什么，随波逐流毫无主见。这样的人就是庸人。

所谓士人是指：胸中有目标，行动有计划。虽然没有穷尽道术的本义，但也能言有所据；虽然不能遍行百善之美，但总有可称道的善行美德。智慧并非多多益善，贵在精通；说话演讲也并非多多益善，贵在抓住要领；做事也不必贪多，贵在明了做事的原因目的和方法。道理既明，言而有行，行而有果，这样，人的志向就如同性命与形体关系不可动摇一样。富贵不能淫，贫贱不能移，威武不能屈。这样的人就是士人。

所谓君子是指：出言忠诚守信，不避忌讳，充满仁义之举而面无夸耀之色，思路清晰，通情达理而语言谦和，行动果断，信守原则，自强

不息,看起来超过他们很容易,但终究不可企及。这样的人就是君子。

所谓贤人是指:德不超越礼法约束的范围,行为合乎规范,其语言足以令天下的人效法而不会引起人们的诋毁,其道德思想足可用来教化百姓而不损伤道德的本体。引导百姓致富而百姓不以不正当的手段夺取财货;引导人们施舍,天下人不因此而忧贫。这样的人就是贤人。

所谓圣人是指:其德足可以同天地相类比,变通无穷,洞悉万事万物运行的规律,协和万物顺应自然。奉行符合道德的统治方法,使万民百姓充分发挥自己的性情和才能,他圣明的统治可与日月同辉,教化的推行若有神助,百姓不知道他的道德,即使时常见他的人也不知道正是自己的邻人。这样的人就是圣人。

智 慧 解 析

任何人想成为一个企业的领袖,或者在某项事业上获得巨大的成功,首要的条件是要有一种鉴别人才的眼光,能够辨识出他人的优点,并在自己的事业道路上利用他们的这些优点。

越王派大夫子余监造船只,船造成了,有一个商人要求做掌船的舵手,子余不愿用他。商人离开越国到了吴国,由王孙率引荐拜见吴王,并且说越国大夫不会使用人才。后来王孙率和他在江边察看船只。突然,江上飓风大作,江中的船只乱撞,他就一边收船一边指着船对王孙率说:"某某船将要沉没,某某船不会沉没。"结果全被他说中了。王孙率更认为他有奇才,就将他荐举给吴王,让他做了船长。越人听到这个消息,都埋怨子余错失了人才。

子余说:"我并不是不了解他,我曾经和他在一起相处过,这个人好吹嘘,并说越国的人没有比得上他的。我听说凡喜欢夸耀自己的人总是自以为是,向来善于阿谀逢迎;说别人不如自己的人,对别人的观察必定精心,而对自己的省察却愚昧不明。如今吴国重用他,将来坏他们事的必定是这个家伙!"越人不相信子余的话。不久,吴国攻打楚国,吴王派那个商人操纵大战舰"余皇"号,飘浮过五湖而驶出三江,在迫近扶胥口时,沉没在那里。越人这才佩服子余有先见之明,并且说:"假如这个人没有沉船而死,那么子余大夫将受到失去人才的诽谤,即使是有皋陶那样贤明的法官在世也不能使他得到公正的评判啊。"

鉴别人才不可偏听偏信,要从实际出发,不能光看其表面,听其言谈口若悬河,便认为此人是个不可多得的人才。识人必须看其本质,不可被他表面的现象迷惑,这样才能不妄用小人,不错过良才。

第三章

量 才

——知量才可晓识人之法

以德取才

> **原典**
>
> 夫人才能参差,大小不同。犹升不可以盛斛,满则弃矣。非其人而使之,安得不殆乎?故伊尹曰:"智通于大道,应变而不穷,辨于万物之情,其言足以调阴阳,正四时,节风雨。如是者,举以为三公。"故三公之事常在于"道"。
>
> 不失四时,通于地利,能通不通,能利不利,如是者举以为九卿。故九卿之事常在于"德"。通于人事,行犹举绳,通于关梁,实于府库,如是者,举以为大夫。故大夫之事常在于"仁"。忠正强谏而无有奸诈,去私立公而言有法度,如是者,举以为列士。故列士之事常在于"义"也。故道德仁义定而天下正。

译文

人的才能参差不齐、大小不同。好比用容器盛物品,一升的容量难装下一斗容量的东西,满则外溢,溢则丢弃。用人也是同样的道理,如果所用非其才,怎么会不失败呢?所以伊尹说:"智慧精通事物运行的法则,临机制变,至于无穷,通晓世情物理,其言足以调和阴阳,端正四时,节制风雨。这样的人可以推举做三公。"可见三公做的事情常常符合"道"的标准。

奖励农桑,不失四时,精通土地山川的道理,能化不畅通为畅通,化不顺利为顺利,这样的人可推举做九卿。可见九卿所做的事情常符合"德"的标准。通晓世事人情,做事颇得要领,通晓赋税财粮方面的事情,保障国库充实,这样的人可推举做大夫。可见大夫所做的事情符合"仁"的标准。忠诚正直,犯颜直谏,不怀奸诈之心,去私立公,言有法度,这样的人可推举做列士。可见列士所做的事情常常符合"义"的标准。道德仁义确立了,天下就能走向正轨。

智慧解析

自古以来,领导成在用人,败也在用人,所以说人才问题是领导的根本问题。称职的领导在用人问题上,不能停留在满足于起起武夫、满足于深情世故、满足于老庄孔孟的情况上,必须用崭新的科学世界观培养造就一代人才,如果没有科学世界观的指导,就难以适应时代要求。

宋真宗时宰相王旦曾经与杨亿在一起品评当朝人物,杨亿问:"丁谓

这个人日后的前途和表现会是什么样子？"王旦评论说："丁谓是个有才华的人，但在品德修养上还有所欠缺。日后担任了高级职务，假使有高尚品德的人帮助他，可能会有一个好的晚节；如果是他单独掌权，一定会给晚节带来不幸。"后来，丁谓的发展果然证实了王旦的预见。

王旦作为皇帝使者负责修理兖州景灵宫，太监周怀政与他一起同往。有一次，周怀政趁便请求与王旦相见，王旦却一定要等随从的人都来到后，才穿着官服在大庭广众下与他见面，说完了正事就立即告别。后来，周怀政因为策划政变而被杀，众人才知道王旦识人之准与深谋远虑。另一名太监刘承规因为忠厚老实受到真宗的喜爱，在他将要病死的时候，请求皇帝能封他做节度使。皇帝对王旦说："如果不答应他，刘承规会死不瞑目的。"王旦却执意不批准，并说："如果今后有人临死前请求封为枢密使，难道也要答应他吗？"刘承规的遗愿终于没有实现。而且自此以后，北宋的太监们没有一个人做官做到枢密使这一级别的。

今天看来，王旦并没有什么惊人之举，也算不上千古留名，但他在处理日常事务中能够时时处处以知人为先，又能有理、有利、有节地具体安排好每件事的处理方案，把事情做得既符合公忠体国之道又稳妥有条理，从中可以看出王旦的水平。对我们来讲，也极富有借鉴意义。

得人在其德，知人在其智。得人与知人是不可分割的整体。但在用人方面，却以知人为首。无其才而使当其任，必遭摧折；有其才而不使当其任，则必不能久居。无其德而使居其位，则必败亡；有其德而不使居其位，则必远遁。若能知人善任，事业自成功了一半，再兼有雄才大略，就不虞其他了。

以实践察人不靠人言识才

原典

太公曰："多言多语，恶口恶舌，终日言恶，寝卧不绝，为众所憎，为人所疾。此可使要遮间巷，察奸伺祸。权术好事，夜卧早起，虽剧不悔，此妻子之将也；先语察事，劝而与食，实长希言，财物平均，此十人之将也；切切截截，垂意肃肃，不用谏言，数行刑戮，刑必见血，不避亲戚，此百人之将也；讼辩好胜，嫉贼侵凌，斤人以刑，欲整一众，此千人之将也；外貌怍怍，言语时出，知人饥饱，习人剧易，此万人之将也；战战栗栗，日慎一日，近贤进谋，使人知节，言语不慢，忠心诚毕，此十万人之将也；温良实长，用心无两，见贤进之，行法不枉，此百万人之将也；勋勋纷纷，邻国皆闻，出入豪居，百姓所亲，诚信缓大，明于领世，能效成事，又能救败，上知天文，下知地理，四海之内，皆如妻子，此英雄之率，乃天下之主也。"

译文

太公说："平日多言多语，而且恶语伤人，懒睡不起，为众人所憎恶。这样的人可使他在街巷拦截行人，举察奸情祸患。这样的人喜弄权术，特别好事，晚睡早起，虽劳无悔，此等人只配去统帅妻子儿女，可称为妻子之将；富于先见之明，洞察事理，做事勤奋，与下属同食，忠实厚

道，分配财物平均，这样的人可做十人的首领；对上殷勤备至，恭敬无比，对下不听劝谏之言，动辄施以刑罚，不留情面，不避亲戚，这样的人可以做百人的首领；在诉讼辩论中争强好胜，对敌人嫉之如仇，以刑罚治军，整齐部众，这样的人可做千人的首领；外貌谦逊，言语适时得体，了解部属的饥饱和甘苦，这样的人可做万人的将领；谨慎小心，如临深渊，如履薄冰，亲近贤者，听取他们的谋略，使用人有分寸，有节制，说话不傲慢，忠正诚实，这样的人可做十万人的将领；为人温良厚道，一心一意，遇贤者即予举荐，不徇私枉法，这样的人可做百万人的将领；功名显赫，声震四邻，出则有盛大的仪仗，入则有豪华的居所，尽管如此，百姓却能亲附他。诚实守信，宽容大度，明悉治世的方法，能圆满完成既定的任务，又能挽狂澜于既倒，反败为胜，上知天文，下知地理，厚爱天下的人如同自己的妻子儿女一样，这样的人属英雄之辈，可做天下的君主。

智 慧 解 析

"孟子说："国君选拔贤人，如果迫不得已要用新进，就要把卑贱者提拔到尊贵者之上，把疏远的人提拔在亲近的人之上，对这种事能不慎重吗？因此，左右亲近之人都说某人好，不可轻信；众位大夫都说某人好，也不可轻信；全国的人都说某人好，然后去了解，发现他真有才干，再任用他。左右亲近的人都说某人不好，不要听信；众位大夫都说某人不好，也不要听信；全国的人都说某人不好，然后去了解，发现他真不

好,再罢免他。左右亲近的人都说某人可杀,不要听信;众位大夫都说某人可杀,也不要听信;全国的人都听说某人可杀,然后去了解,发现他该杀,再杀他。这样,才可以做百姓的父母。"所以古人认为对下属要能够体察而使用,这是强国利民的关键。如虞国不用百里奚,因而灭亡;秦穆公用了百里奚,因而称霸。由此可见,不用贤人就会招致灭亡。

精明的上司能够识才不拘出身。

商代时,武丁继位,将国家大事委任给冢宰大臣处理,留心寻访王佐之才。发现奴隶傅说颇有才能,想任他为相,治理国家。但怕朝中显宦不同意。于是,他终于想出借天命之法。

一天晚上,武丁入睡以后,故意大笑不止,手下人连忙向他道贺,武丁微笑着说:"振兴商朝大有希望。刚才我梦见先王商汤给我推荐一个大贤人,名叫傅说。"文武百官听说傅说是商汤介绍的大贤人,谁都不敢不相信。武丁故意把眼前的人看了一遍,摇摇头说:"诸位没有一个像。"文武百官只好跪在武丁面前,向他讨教:"请问君王,你梦见的那位大贤的相貌如何?"

武丁便把傅说的长相、特征,活灵活现地讲了出来,不久,寻访傅说的人告诉商王武丁说,在傅岩有个奴隶叫傅说。武丁忙派自己的侍从去察看,果然,傅说的长相和武丁所描述的一模一样。

武丁早已等候在宫前,一见傅说来了,急忙迎上前去,大声喊道:"不错!不错!此人正是先王在梦中推荐的那位大贤人。"于是叫傅说赶快脱掉奴隶的衣服,换上一身崭新的贵族服装,并当即宣布解除他的奴隶身份,拜他为相,辅佐治国。傅说果然极富治国才干,仅仅3年时间就帮

助武丁将商朝治理得很好,使商朝再次兴盛起来。武丁能够深入观察自己的部下并大胆使用,所以赢得了商朝的大好江山。

识别人才不可只听一面之言,要到实践中去多观察、多了解,要从多方面、多角度察人之行、察人之德,然后对大德大才之人要大胆起用,这才是英明的领导者,才能使事业辉煌。

第四章

知 人

——不知人不能识人才

从性格来察人

原典

《人物志》曰:"骨植而柔立者,谓之宏毅。宏毅也者,仁之质也。气清而朗者,谓之文理。文理也者,礼之本也。体端而实者,谓之贞固。贞固也者,信之基也。筋劲而精者,谓之勇敢。勇敢也者,义之决也。色平而畅者,谓之通微。通微也者,智之原也。五质恒性,故谓之五常。故曰,直而不柔则木;劲而不精则力;固而不端则愚;气而不清则越;畅而不平则荡。然则平陂之质在于神,明暗之实在于精,勇怯之势在于筋,强弱之植在于骨,躁静之决于气,惨怿之情在于色,衰正之形在于仪,态度之动在于容,缓急之状在于言。若质素平淡,中睿外朗,筋劲植固,声清色泽,

仪崇容直，则纯粹之德也。"

译文

　　《人物志》中说："内骨刚毅而外表柔和的称为宏毅。所谓宏毅，是仁的本质的体现。语辞清新而爽朗的，称为文理。所谓文理，是礼的本质的体现。形体端正健壮的，称贞固。所谓贞固，是守信用的基础。筋力强劲而有神气的，称为勇敢。所谓勇敢，是行使义举的关键。气色平和畅达的，称为通微。所谓通微，是智慧的本原。以上五项特质都具备的，称为五常。所以说，虽然正直而不刚强，就如同树木一样容易弯曲；强劲而不精致则显得鲁笨；固执而不端正则显得愚蠢；辞气不清顺则越发无成；畅达而不平和则失之放荡。然而，平与不平的关键在于是否有神气，明智或昏暗取决于精气的明惠或污浊，勇敢或怯懦取决于筋力是否强劲，坚强或软弱取决于骨架的粗细，浮躁或沉静取决于气的旺盛或冲和，惨、怿的情感表现在人的气色上，形貌的衰败或正肃取决于仪表，态度的变化首先表现在容颜的变化上，缓急的情状表现在言语上。如果气质素雅平淡，内心富于智慧，外貌开朗，筋骨强健，声音清爽，气色和悦，仪容高尚端正，这是道德纯粹的表现。"

智慧解析

　　准确把握人才的个性，是识才成败的重要前提。从性格上识别人才，应充分把握其恒定不变的特征和后天环境造成的变化。我们可阅读一些

西方精神分析学派的一些相关著作，就会对性格决定行动、性格与成败的关系有更深刻的理解，并可以上升到理念的高度。

陶朱公，即范蠡，助越王勾践兴越称霸后，料"勾践为人可与同患，难以处安"，便辞别勾践，渡海到齐，经营产业，后又到陶，从事耕畜，并做买卖，成为巨富，天下称他为陶朱公。朱公有子三人，次子杀人，被囚于楚。朱公拟派小儿去探望，从中营救。朱公给他黄金千镒，作为营救费用，将启程时，长子坚决要求代其少弟前往，朱公不听。长子说："家有长子曰家督，今弟有罪，大人不遣，及遣少弟，是否不当。"并说如不让他去，就要自杀。他母亲也为他求情说："派小儿去还不一定能将次子救出，却先死了长子，那又该怎么办？"朱公不得已派长子前往，写一信让他带去交给在楚的故交庄生，叮嘱说："至则进千金于庄生所，听其所为，慎无与争事。"长子自己也带上私蓄数百金，以防意外之用。

朱公长子到楚，前往拜访庄生，将信和金交给他。庄生对他说："可疾去矣，慎毋留！及弟出，勿问所以然。"朱公长子没有听他的话，他因见庄生家很穷，所住屋很破漏，对他缺乏信心，担心不能救他的弟弟，仍留在楚，从事营救活动，将其带来的私蓄数百金献给有权势的楚国贵人。

庄生虽穷，但为人廉直，以此名闻于楚国，自楚王以下都尊他为师。朱公送金，他并非想要，他想等办成事后送还金，以取信于朱公。他收金后，告诉他的妻子：这是朱公金，应当交还，不要动用。庄生入见楚王，说有其星出现，将对楚不利。楚王问有何办法？庄生说："独以德为可除之。"楚王便决定要大赦。朱公长子得知消息后，认为其弟遇赦与庄生无关，而不甘心白白送给庄生千金，便去见庄生说兄弟遇赦之事。庄生知其意，便将钱还给他，朱公长子暗自庆幸，弟既遇赦又不花钱。

庄生认为朱公长子不信任他是对他的羞辱，于是恼羞成怒，又入见楚王说："臣前言某星事，并言以修德报之。今臣出，道路皆言陶之富人朱公之子杀人囚楚，其家多持金贿大王左右，故王非能恤楚而赦，仍以朱公子故也。"楚王大怒说："寡人虽不德尔，奈何以朱公子而施惠乎？"即下令斩杀朱公之子，次日才下赦令。朱公长子只好以所坐来的牛车载弟死尸归去。到家后，家人都痛哭，只有朱公独笑，说："吾固知必杀其弟也！彼非不爱其弟，顾有怕不能忍者。是少与我俱，见苦，为生难，故重弃财。至如少弟者，生而见我富，乘坚驱良逐狡兔，岂知财所从来，故轻弃之，非所惜吝。前日吾所为欲遣少子，因为其能弃财故也。而长者不能，故卒以杀其弟，事之理也，无足悲者。吾日夜固以望其丧之来也。"

"知子莫若父"。朱公之所以早就料到长子救不回次子，只有少子才能担此重任，是因为他对两个儿子的性格了若指掌。因为少子出生时家庭已经富裕，不知创业的艰难，生活在花天酒地之中，所以养成了放任、挥霍的性格。所以不会吝啬钱财，而且他阅历不多，心地单纯，将会按照朱公的话去办。而长子曾与朱公一道创业，知道钱财来之不易，所以养成了吝惜、严谨、精打细算等性格，加上经验丰富，又是势利眼，看不起庄生，为了救弟又去行贿楚国官员，反而坏了大事。正是朱公长子的性格决定了他行动处世的方式，最终也是这种性格害了其弟。也可以说是朱公意志的软弱害了其子，如果他不理会长子的自杀要挟和妻子的求情，坚持自己正确的主见，派少子去救人，岂能不让次子生还？

用人者在用人时，不仅应考虑其智力、技术、文化水平，更应考虑其性格特点。例如，在选择公关、推销人员时，应选择性格开朗、善于交际、热情、真诚、谦和、礼貌的人；选择组织部门的干部，则应该选择性格内向，办事严谨、细致、认真的人。但性格并不是一成不变的，可以人为地来锻炼。"已非昔日吴下阿蒙"这句俗语讲的是三国鼎立时期，东吴孙权麾下的大将吕蒙。吕蒙年轻时勇敢舍命，但做事不动脑筋，往往一味蛮干。后来孙权督促他读书，他的鲁莽习性逐渐收敛，变得聪明起来，成长为东吴著名的军事将领。后来设计攻破荆州，逼使威震华夏的关羽演上一出"败走麦城"的历史悲剧。著名京剧艺术家梅兰芳，小时候生性腼腆，怯见生人，记忆力不太好，动作也比较僵硬，但是，他通过后天的刻苦努力，反复磨砺，终于战胜了自己性格中的薄弱面，从而使自己成为蜚声中外的艺术大师。

细致观察辨人才

原典

夫贤圣所美，莫美乎聪明。聪明之所贵，莫贵乎知人。知人识智，则众材得其序，而庶绩之业矣。

是故仲尼训"六蔽"，以戒偏材之失。思狂狷以通拘抗之材，疾空空而无信，以明为似之难保。察其所安，观其所由，以知居

止之行。率此道也，人焉庾哉，人焉庾哉？

译文

圣贤所称誉的莫过于聪明，聪明的最可贵之处莫过于知人。能够洞察人的全貌，了解人的长处，那么各种各样的人才便会得到适合发挥各自才能的位置，随之，各项事业也就会繁荣兴旺。

所以孔子曾以六种弊端告诫有专长的人才可能发生的相应的失误，使其激进狂躁的性格与呆滞的性格相中和。他讨厌无能而又不讲信用的人，并讲明虚伪的东西终究会被识破。考察人们希望得到什么，安心于什么，并观察他赖以得到的方法和途径。如果采用了这些方法，怎么能发现不了人才呢？

智慧解析

如果你是领导，那么下属中出现下列几种小人危害最大：私结朋党，相互勾结；诽谤贤才，诬陷忠良；专门窥探别人的是非；出于私心煽动群众；专门寻找利害得失的时机，出卖集体和别人的利益。

例如晋文明皇后，有知人之明，当时钟会虽因才能出众被任用，但文明皇后一眼就识破了钟会的本质，她经常告诉晋帝说："钟会见利忘义，好造事端，宠爱太过，必定叛乱，不可以太过重用。"后来钟会果然造反。

中国历史几千年，小人无时不在，只是小人们的表现有所不同，古代社会中，小人们见利忘义，好造事端，而现代社会中，小人们追逐名

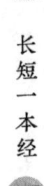

利，欺世盗名，这就要求我们要仔细去识别他们。

一观名气，识别伪君子。观察一个人，除了他的外貌以外，还包括印象和名气。有的人名气很大却华而不实，浪得虚名，对这种人就要善于识破他。

过去乡邻中有一富老头病了，让巫师向神祷告，神告诉他说："你若能救活万只生灵，我就替你向天帝请求，祛除你的病，赐予你长寿。"富老头答应说："好"。于是他派人到山上寻找，在密林中收罗，在沼泽里架网捕捉，得到鸟兽鱼虾之类的动物一万只，向神报告后就释放了它们。这种自欺欺人、追求虚名的方法被神人所唾弃，因此第二天那富老头就死了。其实，自欺欺人者，心中哪有什么做人的诚心，他们所喜爱的不过是虚名而已。

二观文凭，识别庸人。现代小人常常利用各种手段欺世盗名，许多老板常容易犯的一种"观貌"识人的错误就是过于注重文凭。当应试者亮出名牌大学的文凭时，有的老板会因此被震慑住，而对于那些毕业于名不见经传的学校的人往往根本不加考虑。在这个问题上，当老板需要记住：作为雇主，你将要倚重的是他本人的才能，而不是他所毕业学校的名气。如果一个老板很容易被应试者的文凭所迷惑的话，他往往会失去人才而得到一群庸人。

小人是君子前进路上的绊脚石。识别小人不可光以表象来看，应细致观察，多角度观察。领导者要想辨别人才，就要细心观察，洞察全貌，识破无能者的虚伪表面，寻得真人才，从而为自己的事业添砖加瓦。

第五章

论 士
——成败之举在于人才

利用善言之人游说对方

原典

《书》曰:"能自得师者王。"何以明之？齐宣王见颜斶曰:"斶前。"斶亦曰:"王前。"宣王作色曰:"王者贵乎？士者贵乎？"对曰:"昔秦攻齐，令曰:'有敢去柳下季垄五百步而樵采者罪，死不赦。'令曰:'有能得齐王头者，封万户侯，赐金千镒。'由是言之，生王之头，曾不如死士之垄。"宣王竟师之。

译文

《尚书》上说"能主动拜他人做老师的人便能称王天下。"这又以什么作证明呢？齐宣王召见颜斶时说:"颜斶，到我跟前来！"颜斶也命齐

宣王说："大王，你到我跟前来！"齐宣王勃然作色道："做国王的尊贵呢，还是做士人的尊贵？"颜斶回答说："从前秦国攻打齐国时，曾下令说：'有敢到柳下季坟茔周围五百步内打柴的，死罪不赦。'又下令说：'有能得齐王首级的，封万户侯，并赐金千镒。'由此可见，活着的大王的头颅竟不如已死的士人的坟茔。"齐宣王最终拜颜斶为师。

智慧解析

　　语言是一门很奇妙的艺术，懂得运用语言魔力的人往往比不会说话的人办事要容易，总能达到事半功倍的效果。语言可以激起人的感情共鸣，可以让人瞬间放下防备、拉近距离，还可以让人心情舒畅、意气风发。能灵活运用语言的人在谈判场上能永远立于不败之地。

　　孟尝君是齐国的名门贵族，几度出任相职，是政界的实力派。但有一次他与齐闵王意见不合，一气之下辞去相职回到了其私人领地一个叫薛的地方。这时与薛接邻的南方大国楚国正待举兵攻薛。与楚相比，薛不过是弹丸之地，兵力粮草等均不能相比，楚兵一旦到来，薛地后果不堪设想。燃眉之急，唯有求救于齐。但孟尝君刚刚与闵王闹了意见，没有面子去求，去了也怕闵王不答应。为此他伤透了脑筋，几乎一筹莫展。

　　绝望之中老天给他降了一线希望，齐国大夫淳于髡来薛地拜访。他是奉闵王之命去楚国交涉国事，归途顺便来看望孟尝君这位名门望族的。孟尝君抚额称庆，可谓天助我也。他早已想好了主意，亲自到城外迎接，并以盛宴款待。

淳于髡不仅个人资质好，善于随机应变，常为诸侯效力，与王室也有密切的关系。威、宣、闵三代齐王都很器重他。闵王时代便成了王室的政治顾问，且与孟尝君本人也有私交。孟尝君决心已下，开口直言相求："我将遭楚国攻击，危在旦夕，请君助我。"淳于髡也很干脆："承蒙不弃，从命就是。"

淳于髡赶回齐国进宫晋见闵王。正面的话题当然是要相告出国履行公务的结果，他真正要办的事情也早已盘算在心。闵王问道："楚国的情况如何？"闵王的话题正投淳于髡的所好，顺着这个话题，淳于髡要开始展开攻心术，履行对朋友的承诺了。他说："事情很糟。楚国太顽固，自恃强大，满脑子想以强凌弱；而薛呢，也不自量……"闵王一听，马上就问："薛又怎么样？"淳于髡眼见闵王入了圈套，便捉住机会说："薛对自己的力量缺乏分析，没有远虑，建筑了一座祭拜祖先的祠庙，规模宏大，却不问自己是否有保卫它的能力。目前楚王出兵攻击这一祠庙，咳，真不知后果怎样！所以我说薛不自量，楚也太顽固。"齐王表情大变："喔，原来薛有那么大的祠庙？"随即下令派兵救薛。

守护先祖之祠庙，是国君最大义务之一。为了保护祖先祠庙就必须出兵救薛，薛的危机就是齐的危机，在这种危机面前，闵王就完全不再计较与孟尝君的个人恩怨了。整个过程，淳于髡没有提到一句请闵王发兵救孟尝君，而是抓住闵王最关心的问题——也就是最大的弱点，旁敲侧击，点到痛处，令闵王自己主动发兵救薛，实际上是救了孟尝君。淳于髡的纵横术真是到了炉火纯青的境界。在现实中，如果我们善于利用这种巧嘴之人，那么办事儿的阻碍会大大减少。

如果你在办事儿时，能够找到这样一位伶牙俐齿的人才，让他尽其所能，从中撮合，传递信息，论理说情，真是再好不过了。

办事儿必须依靠信息的交流、思想的交流和感情的交流来完成。而有人交流得好，有人则交流得不好，所说"好马出在腿上，好人出在嘴上"，会说话的人大多是会办事儿的人。

扬长避短舍近求远

原典

《语》曰："琼艘瑶楫，无涉川之用；金弧玉弦，无激矢之能。"是以分絜而无政事者，非拨乱之器；儒雅而乏治理者，非翼亮之士。何以明之？魏无知荐陈平于汉王，汉王用之。绛、灌等谮平曰："平盗嫂受金。"汉王让魏无知。无知曰："臣之所言者，能也；陛下所闻者，行也。今有尾生孝已之行，而无益于胜负之数。陛下假用之乎？今楚汉相距，臣进奇谋之士，顾其计，诚足以利国家耳。盗嫂受金，又安足疑哉？"汉王曰："善。"

译文

古语说："用琼玉制成的船和桨没有渡江济河的功用；用金制成的弓、

用玉制成的弦没有射箭的功能。"因此，品德高洁而无政治才能的人，不是拨乱治国的人才；有儒雅风度但缺乏治军理国才能的人，算不上辅佐帝业的人才。用什么事实来说明这个道德呢？魏无知把陈平推荐给汉王刘邦，刘邦重用了陈平。绛侯、灌婴等向刘邦谗毁陈平说："陈平早年偷他的嫂子，在军中又收受贿赂。"汉王因此责备魏无知。无知回答说："我所推荐的是陈平的才能；陛下听别人讲的却是陈平的品行。今天即便有守信如尾生、行孝如孝已这样的人跟随陛下，对决定战争胜负的命运亦毫无用处，陛下能任用这样的人吗？如今楚汉相争，我推荐像陈平这样的奇谋之士，是考虑到他们的才能计策的确有助于陛下的帝王之业而已。即便偷他的嫂子、收受贿赂，又有什么值得如此大惊小怪呢？"汉王说："你说得太好了。"

智慧解析

要在商海中争得一席之地，就要有长远的眼光，在那些未开垦的处女地寻找大市场，只盯住眼前的一点点地盘，只会把生意越做越小。

巴蜀一带的卓氏，不仅是当地著名的巨富，而且在全国都有点名气。卓氏的祖先是战国时期的赵国人。在那一带，老卓家冶炼的铁器远近闻名。秦灭赵国后，曾经把天下富豪迁到首都咸阳一带，以便加以控制，防止他们闹事。赵国一带的富豪就是被迁到蜀地去的。那时交通极不方便，蜀道难，难于上青天。卓氏夫妇不畏艰险，推着车子来到了西南的蜀地。蜀地地域辽阔，土地肥沃，人烟却很稀少。不少外地迁来的人，

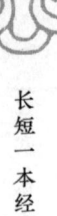

都希望在离内地近一些的葭萌关一带定居。为达到这个目的，他们还不惜花钱贿赂主管他们的地方官吏。

卓氏来到蜀地之后就想，既然远道而来，就该找个能发挥自己长处的地方。卓氏主动要求到较远的临邛一带去，他说："葭萌关土地瘠薄，岷山之下土地肥沃，到死也不会饥饿。那里的百姓善于纺织，做买卖比较方便。"原来，卓氏心里早就有谱了。只有土地肥沃的地方买铁器工具的人才会多，商品买卖盛行的地方便于做生意。

卓氏到临邛一带定居下来，找到了丰富的铁矿石资源，便重操旧业，招兵买马。高炉树起来了，风箱响起来了，铁器冶炼锻造越做越红火。这一带铁器的普及比起内地来要差多了。蜀地是天府之国，西南少数民族聚居的地方铁器缺乏。卓氏找到了天然的巨大市场，他的铁器生产得越来越多，买卖越做越大，生意越来越好。他的工场规模，在当时已不算小，拥有800多名家奴。平时靠冶炼赚足了钱，心情好的时候到风光绮丽的原始森林旅游，到天然牧场射猎。这种生活，王侯也比不上。

卓氏是世代经营冶铁的老手，他懂得如何才能扬长避短。古人说过："天时不如地利。"所以他宁愿选择更远一些的地方，也不愿往近处的人堆里挤。他懂得为了开辟市场，有时就要不远千里，甚至不远万里去找。

有时很多事看似有利却未必如此，很多人、很多事只有在适合他的地方才能发挥他的长处，不然恐怕奋斗一辈子也只是徒劳一生。当你觉得只有那个看起来很远的地方才能充分发挥你的才智时，千万不要因为它的遥远而被吓退了脚步，勇敢地前进，顺从自己的内心，这样即使失败了，相信你也不会后悔。

第六章

政 体

——政体之道关乎企业生存

礼法结合

> **原典**
>
> 积於不涸之仓,务五谷也。藏於不竭之府,养桑麻,育六畜也。下令于流水之原,以顺民心也。使士于不争之官,使人各为其所长也。

> **译文**
>
> 粮仓储积永不枯竭,是因为重视了五谷生产。府库储备不竭,是因为重视养桑麻、育六畜。下达的政令如同从源头奔流而下的江水畅行无阻,是因为政令顺应了民心。令士人在自己的职位上,无异意、无怨言,

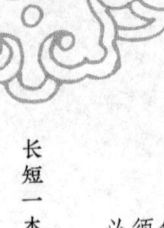

必须使其更好地发挥各自的长处。

智慧解析

以礼入法、经义决狱、王霸相杂的治狱方式对我们依法治国所应采取的方略不无启示，引礼入法、礼法结合更能实现法律的作用。

汉家的制度并非纯任德教，而是以"霸王道杂之"。不过，这种治国手段始自汉武帝时，汉初与秦朝固然不同，儒家及其思想有所复苏和抬头，但当时占统治地位的社会思潮是以黄帝、老子相标榜的道家，治国的手段也是采用"无为而治"，儒家的德教礼义只是一种点缀。自汉武帝即位后，情况发生了很大的变化。汉武帝推崇儒术，甚至罢黜百家，独尊儒术，可是，他在管理国家方面，并非重用儒生，纯任德教，而是依靠那些有才干的文士和精通法律的刀笔吏。汉武帝将原始的儒学改造成一种儒术，于是流于空谈的儒家思想就成为实际运用的治国手段。他把儒术看成是一种装点，用来掩饰当时严酷的法治。这实际上是一种"外儒内法"的思想。

武帝的"外儒内法"，从他重用公孙弘和张汤也可以看出。公孙弘是一名儒生，可是他比董仲舒要幸运得多。董仲舒是汉代的儒学大师，他对策所上的《天人三策》，深受武帝的赏识。但是，他只是理论家，缺乏实际的统治经验，因此毕生官运并不亨通，后来为推演灾变还差一点被武帝治罪处死。公孙弘早年当过狱吏，到40岁后才学《春秋》杂说。他的儒学修养并不高。但是，他懂得趋时奉势，讨好皇帝。

公孙弘在对策中巧妙地把刑法和礼义结合起来，把原本被人们看成互相对立的这两种统治手段统一起来："故法不远义，则民服而不离；和不远礼，则民亲而不暴。故法之所罚，义之所去也；和之所赏，礼之所取也。礼义者，民之所服也，而赏罚顺之，则民不禁也。"结果大受武帝赏识，特地把他从下等提为第一名，拜为博士，每次朝会时，公孙弘只表达个人的看法，让皇帝自己拿主意，从来不当面与武帝争辩。武帝认为其品行慎厚，又熟习文法吏事，缘饰以儒术，于是在一年中将公孙弘提拔为左内史，最后竟封侯拜相。西汉王朝以布衣拜相者，公孙弘是第一人。公孙弘升官的秘诀，就是用儒家的经术为文法吏事作缘饰，这一点深合武帝崇儒的心意。

与公孙弘异曲同工的是张汤。张汤是个典型的治狱吏。他任廷尉时，廷尉府重用的都是文史法律之吏。后来，张汤碰上一件很棘手的案件，处理的结果总是不合武帝的心意，属下的掾史不知如何是好。恰巧府中有个地位很低的儒生名叫儿宽的，从中出了一个主意，掾史立即依照他的意思写成报告，呈递给张汤。张汤上奏武帝，武帝一看就知道非一般俗吏所为。张汤体会武帝的用心，于是学习儒家经典，并且重用儿宽为奏谳掾，即专门用经义来处理疑难案件，从而形成一种以《春秋》决狱的风气，实际上是假借经义来秉承和执行武帝的意旨。《汉书·张汤传》中说："是时，上方乡多文学，汤决大狱，欲傅古义，乃请博士弟子治《尚书》、《春秋》，补廷尉史，平亭疑法。奏谳疑，必奏先为上分别其原，上所是，受而著谳法廷尉挈令，扬主之明。"

张汤这种"经义决狱"的做法，居然得到标榜儒术的公孙弘的称赞，

可见儒家的仁义教化与当时的刑法治狱是互为表里、相辅相成的。所谓"霸王道杂之"的真谛即在于此。

对于一个体系而言，法与礼互为表里，缺一不可。法为大家确定了一个共同遵守的规范，保证整个体系可以正常有序地运行，但法也有其缺点。法对于那些知礼之人才能真正发挥法的功用，对于那些大奸大恶、视法于无物的人则是形同虚设。要想真正管好一个机构，还须辅以"礼"的力量。以情感人，以情训人，察恶去冤，方能成大业。我们这个社会毕竟是一个重情感的社会，很多事是法所不能解决的，而且只有大家都知"礼"了，才能更好地遵守"法"。

对症下药

原典

明必死之路，严刑罚也。开必得之门，信庆赏也。不为不可成者，量人力也。不求不可得者，不强民以其所恶也。不外不可久，不偷取一世宜也。知时者，可立以为长。审于时，察于用，而能备官者，可奉以为君。

译文

向人明示必死的道路，就必须严明刑罚；要打开成功之门，必须奖赏守信。不去做那些不可能做成的事情，这叫量力而行，不强求不可能得到的东西，这就是不强求别人做他们所厌恶的事情。不去做不可能长久的事情，因为不能苟取一时之安。能够洞察时务的人，可以任用他做一方的首领。能够洞悉时势，详察用人之道，善于发现、储备人才的人，可以奉立他做国君。

智慧解析

医生按脉就能知道病症，审视病症就能开药方。病症有阴、阳、虚、实，脉状有浮、沉、细、大，而药方有出汗、补泻、针灸、汤剂的疗法，有参、苓、姜、桂、麻黄、芒硝之类的药物，随病人的病情而对症下药，用药得当能救活，用药不当就治死了。所以说虽有扁鹊的学识，但只会乱嚷乱叫也没有用；不知道病症，不懂得脉状，光凭道听途说来开药方，并且向人们吹嘘说我能治病，这是坑害天下人的家伙啊。

治理天下的人就像治病的医生一样。治理乱世更像是治病，抓纪纲就像按脉，道德、政刑就像药方和疗法，人才就像是良药。夏朝的政治崇尚忠义，商（殷）朝针对其坏的一面，而用诚信补救；商朝的政治注重诚信，周朝针对其坏的一面，而用文治补救；秦朝采用酷刑、苛法来约束天下的人，天下人深受它的苦，而汉朝用宽大为怀承接了它，用安

定统一坚守了王业。其药方和病症对头，其用的药物也无差错，这样，天下不能治愈的病就少了。

治理天下，须对症下药，如果不明病症，有病乱求医，则天下危矣。秦始皇严刑峻法，二世而亡；汉高祖休养生息，汉室稳固。治国之道如此，处理其他问题不也是如此？须知事事皆有其根本，把握好了基本的问题，问题也就迎刃而解了！

要想治理好一个体系，就必须知道自己缺少什么人才，然后在广纳良才的基础上选择自己最需要的人才为自己效力。在保持自己优势的同时，能吸引更加优秀的人才来扩展自己的优势，同时还能针对自己的弱点吸收专业人才来改进，那么这个体系肯定能得到良好、快速的发展。

第七章

君　德
——知君德方可得人心

宽猛相济

原典

霸主制士以权，结士以信，使士以赏。信衰士疏，赏毁士不为用。故曰：理国之本，刑与德也。二者相须而行，相待而成也。天以阴阳成岁，人以刑德成治，故虽圣人为政，不能偏用也。故任德多，用刑少者，五帝也；刑德相半者，三王也；仗刑多，任德少者，五霸也；纯用刑，强而亡者，秦也。

译文

　　天下的霸主控制士人靠权变和谋略，招揽结交士人靠守信用，任用

驱使士人则靠奖赏。如果信用衰败，那么士人就会疏远他；奖赏不行，则士人就不为他所用。所以说，治理国家的根本是"刑"和"德"。二者互为依存的条件，相辅相成。如同天必须依靠白天黑夜、春夏秋冬等阴阳的变化才能形成岁月的更替运行一样，人则必须依靠刑和德两个方面才能达到天下大治的目的。所以说，即便圣人治国理政，也不能偏用一方而舍弃了另一方。所以说，治理天下用德多、用刑少的，是五帝的政治；刑和德相半而用的，是三王的政治；用刑多而用德少的，是春秋五霸的政治；纯用刑治国，虽达到了一时的强盛，但最终灭亡了的，便是秦朝的政权。

智慧解析

当宽则宽，当严即严，宽严相济，才能既稳定秩序，又得到发展。

在子产执政期间，他将以宽为主、宽严相济的治国方针贯彻得很好。在经济措施上，丈量土地，兴修水利，重新划定田界，通过调动人们劳动积极性去发展生产；在税收制度上，他以丘为单位，规定每丘负担军马一匹、牛三头的上缴任务，改变过去乱摊乱派的现象。他又广开言路，让那些贵族子弟能在学校里发表关于国家政事的议论，以改进政府的各项工作。与此同时，他又将国家法令镌刻在鼎上，向全国人民公布，要他们遵纪守法。

子产认为：要治理好一个国家，主要是用德行去感化人，用宽宏的态度去教育人，才能使百姓心悦诚服。其次要配之以刑罚，用威猛的法

律去约束百姓。他以水和火作比喻，由于水性柔弱，人们轻视它，结果往往因玩水而溺死；火则不然，它使人望而生畏，故死于火中的人较少。意思是说以宽为主，宽严相济，是治理国家的根本方针。子大叔继任执政以后，只宽而不严，结果在萑苻的湖边有许多盗贼相聚，后来，经过派兵去镇压，才将乱事平定下来。

与子产同时代的孔子对他的治国方针十分赞许。孔子说：子产说得好呀！宽以济严，严以济宽，宽严并用，国家的政局安定和美了。定公八年，子产死了。当噩耗传来，郑国人民悲痛至极，农民不再耕作，妇女不戴玉佩，青年们捶胸顿足，号啕大哭，老年人齐声悲哀地呼喊着："子产离开了我们，叫我们去依靠谁呢？"

行德虽可得人心，但一味行德却只会让人认为软弱可欺。管理者治理企业必须以宽为主，宽严相济，才能在归顺民心之时，又能压住反叛者，从而使企业始终掌握在自己手中，不会被小人窃机盗取。

兼施威猛治乱

原典

东晋自元帝以下，何主为贤？虞南曰："晋自迁都江左，强臣擅命，垂拱南面，政非己出。王敦以盘石之宗，居上流之要，负

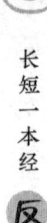

才矜地，志怀问鼎，非肃祖之明断，王导之忠诚，则晋祚其移于王氏矣。若使降年永久，仗任群贤，因瀍、涧之遗黎，乘刘、石之衰运，则克复中原，不难图也。"

译文

东晋自元帝以下，哪一位皇帝算得上贤明之主？虞世南说："晋朝自从迁都江左，强臣专擅朝命，皇帝形式上垂拱南面，政令却不能由自己决定。大将军王敦作为能决定朝政的王氏家族的成员，拥兵长江上游，凭仗自己的才能和有利的地理形势，心怀叛逆问鼎之志，如果不是晋明帝审慎明断，王导忠心耿耿，司马氏政权早被王氏取而代之了。如果晋元帝年寿能长一些，依仗任用手下的众多贤臣，以及从洛阳南迁的精锐部队，乘刘曜、石勒的衰败之机，北上收复中原，并不是困难的事情。"

智慧解析

王霸兼施，恩威并用，才能安治天下，一味施仁，太过宽柔，必难以树威，从而无法维持稳定的社会秩序，也就难以成功地理国为政，这一点应当谨记。

元帝是宣帝长子，地节三年，被立为太子，黄龙元年十二月，宣帝病死，即皇帝位，元帝时期，西汉王朝已历经150余年，积弊累累。元帝愚弱，除弊无方，加之宦官用事，政治腐败，西汉王朝由此而走上衰亡之路。

西汉王朝主要的社会积弊便是地主豪强势力发展，土地兼并日趋激烈，广大农民破产流亡。早在宣帝末年，胶东、渤海等地的破产农民，不断举行暴动，连宣帝本人也不得不承认当时"民多贫，盗贼不止"。

元帝面对前朝各弊，非但不除，反而任其发展。史称元帝"柔仁好儒"。元帝所好之儒，基本上是孔子所提倡的以"宽柔温厚"为主要特征的儒学。汉自武帝以来，虽然重儒，但实际上是王霸兼施。正如宣帝所说："汉家自有制度，本以霸王道杂之，奈何纯用德教。"宣帝生前对元帝的"纯任德教"的俗儒主张，即非常不满，并深为之忧虑。他曾说道："乱我家者，太子也。"为此，宣帝欲以"明察好法"的淮阳王刘钦代替元帝为太子，只是由于顾念其母许氏的旧情才没有实现。

元帝即位后，"征用儒生，委之以政"，儒生贡禹、薛广德、韦贤、匡衡相继为相。元帝为政，动则引证《诗经》等儒典，迂腐地推行"纯儒政治"。应该说元帝一朝确实实行了不少"爱民"的"仁政"。但是元帝却以"不与民争利"为名，放弃了对豪强地主进行打击、限制的政策，实行所谓的"宽政"。元帝放弃打击限制豪强的传统政策，并非仅仅是由于元帝个人"柔仁好儒"的性格所致。元帝的"柔仁好儒"乃是时代的产物。元帝时代的豪强已经不同于武帝时代以前的"土豪"，而是与达官显贵融为一体的。朝廷中的公卿将相已经成为他们政治上的代表。在这强大的政治势力面前，元帝也只好采取"柔仁"的宽政。"宽政"之下，土地兼并愈发不可遏制，吏治腐败等社会积弊也随之恶性发展。元

帝认为宦官少骨肉之亲，无婚姻之家，最可信可靠，因而尤其信任宦官中书弘恭、仆射石显。当时辅政大臣前将军萧望之在政治、军事方面颇有见地。他认为，中书参与国家大政，应选用贤明，不宜任用刑余的宦官，所以奏请元帝使用士人。弘、石二阉为了保住自己的权位，盗弄权柄，遂与外戚史高内外勾结，排挤、陷害萧望之等重臣。元帝迂腐昏昧，屡中弘恭、石显圈套，迫使萧望之自杀，将与萧望之共同辅政的周堪、刘更生等加罪免为庶人。不久，弘恭病死，石显专权。

元帝不仅昏昧，而且荒淫。宫中佳丽多得"不得常见"，只好"使画工图形，案图召幸之"。元帝虽然治国昏庸，却多才多艺，善书法，精通乐理、乐器，"鼓琴瑟，吹洞箫，自度曲，被歌声"。他终日淫乐，不亲政事，委政于石显等宦官。当时，汉廷事无大小，都要禀报石显，由他裁决。石显"贵幸倾朝"，自公卿以下，无不畏惧。

宦官专权，政治日趋黑暗，致使吏治腐败，纲纪失序。从中央到地方的大小官员，贪财慕势，纷纷经商，掠夺百姓，敛财聚富。他们互相间钩心斗角，陷人于罪，以至于连元帝都不得不承认"在位多不任职"。在黑暗的政治下，社会风气大坏。不仅皇帝、皇室、贵族极度奢侈，一般的官僚地主也"贪财贱义，好声色，尚奢靡。廉耻之节薄，淫辟之意纵"。"缘奸作邪，侵削细民"。整个统治阶级都在腐朽、堕落。

元帝时期，又连续发生水灾、旱灾、地震和瘟疫等自然灾害。天灾人祸，使百姓流离失所，不胜饥寒，"嫁妻卖子，法不能禁"，或"人至相食"，阶级矛盾日益尖锐。

第七章 君德——知君德方可得人心

任何事物都有它固有的规则，每一个时代都有它自己的特色。当处于和平之时，应以仁为主治理国家，但处于危难之时，则应施以霸王道处之，否则国家必将不保。管理一个企业也一样，该软时软，但该硬时也要硬。

第八章

臣 行
——知臣行才能成霸业

持正不挠心如铁石

原典

或曰:"叔孙通阿二世意,可乎?"司马迁曰:"夫量主而进,前哲所韪。叔孙生希世度务,制礼进退,与时变化,卒为汉家儒宗。古之君之,直而不挺,曲而不挠,大直若诎,道同委蛇,盖谓是也。"

译文

人问:"叔孙通顺着秦二世的心意拍马屁,这样做对吗?"司马迁说:"根据不同的君主而采取不同的立身处世的原则,这是前代哲人所赞同的。叔孙通先生顺应世事,揣度时务,制定礼法及处世进退的变化,都

能据时势的要求而变化，最终成为汉家一代儒宗。古代的所谓君子，正直而不坚挺固执，貌似弯曲而并不诚心屈服，大直若屈，其方法灵活多变，如同蜿蜒曲折的小道，大概说的就是这个意思。"

智 慧 解 析

为人应刚正不阿，持正不挠，不畏权贵，不徇私情，这样才能让人信服，才能成就自己的大业，为人所称颂。

唐临，字本德，京兆长安人。为了端谨，不苟言笑，史称"性旁通，专务掩人过，见妻子，必正衣冠"。武德末年，他受太子李建成被废连累，被贬为万泉县丞，因政绩卓著，贞观六年8月，被提拔为殿中侍御史，负责殿廷供奉的礼仪。御史大夫韦待价曾责问唐临何以朝列不肃却不纠举，唐临昂然答道："此亦小事，不足介意。请今日以后为之。"恰巧，第二天朝班时，江夏王李道宗和御史大夫韦待价离开班列私谈。

唐临趋进曰："王爷，您扰乱朝班！"并准备提出弹劾，道宗不以为意地说："我只是和大夫说几句话，何至于如此郑重纠弹。"不料唐临竟接着说："大夫亦乱班！"顿时臊得韦待价满脸通红，"失色而退"。在朝群臣都悚然慑服于唐临的持正不挠。不久，唐临奉命出使岭南，按验交州刺史李道彦等狱，使三千多负冤含屈者得以平反昭雪。

贞观二十三年9月，高宗即位后，亲自提拔唐临出任大理卿。次月，高宗垂问唐临现今狱中在押囚犯的数目。精明干练的唐临早已熟稔在胸，立即答道："狱中现有囚犯50多名，唯有二人应处以死刑。"高宗十分欣

慰地对唐临说:"为国之要,在于刑法,法急则人残,法宽则失罪,务令折中,称朕意焉。"

当时刑法断案的潮流是"有司多行重法,叙勋必须刻削,论罪务从重科,非是憎恶前人,止欲自为身计"。所以,高宗语重心长的教诲,既是对唐临以往以宽恕为狱的肯定,又是对未来的期望。

它日,高宗驾幸大理寺向囚徒巡察决狱的情况。其中有十几位死囚犯都是唐临的前任判处的,他们大多号呼不已地称冤鸣屈;而问及唐临刚莅职时判处的死囚时,竟"嘿然无言"。高宗奇怪地问他何以不开口,囚犯丧气地说:"唐卿断狱,必无冤滥,所以绝意。"如此令囚犯折服的断狱令高宗惊叹不已,连声说道:"为狱固当如是!"并特意为此赦免了那位囚犯死罪。为此,高宗特意为唐临拟写了"形若死灰,心如铁石"的考词。不久,就提升唐临为御史大夫。

永徽二年7月,前任广州都督萧龄之接受左智远及冯盎妻等金银奴婢赃贿事发,但萧龄之是勋贵,享有法律特权,属于"八议"之人,虽犯死罪,但一般的司法官吏不能审理裁决。皆得使其所犯之罪行及应议之由奏请皇帝,由公卿们议定后再奏明皇帝做决定。但群官集议时,虽然萧龄之受委大藩重任,赃罪狼籍,"原情取事,死有余辜"。但根据唐律中议法"原情议罪"给予从宽的原则,犯死罪应免予死刑,但议事群官"未尽识议刑本事","今议萧龄之事,有轻有重,重者流死,轻者请除名",意见不一。不料,将此意见奏报如法时,高宗下诏,令在朝戮死。御史大夫唐临认为"既遣八议,终须近法",而自己既任法官,岂能置若罔闻?因此,他挺身而出,反对高宗的裁决。他引经据典地提出:"律

有八议,并依《周礼》旧文,矜其异于众臣,所以特置议法,知重其亲贵,议欲缓刑,非为嫉其贤能,谋致深法。今既许议,而加重刑,是与尧、舜相反,不可为万代法。"一席话说得力主"刑法折中"的高宗连连点头,批准了唐临的奏请,免除了萧龄之死罪,将他流放到岭南。

唐临后来官至刑部尚书。显庆四年坐事贬为潮州刺史,卒于任上,终年60岁。

持正不挠,在犯法者面前,心如铁石,不为私情、强权所动,若人皆能如此,则法治实现之日为去不远矣。

赏罚分明严格执法

原典

诸葛亮以马谡败于街亭,杀之。后蒋琬谓亮曰:"昔楚杀得臣,然后文公喜可知也。天下未定,而戮智计之士,岂不惜哉?"亮流涕曰:"孙武所以能制胜者,用法明也。是以杨干乱法,魏绛戮之。四海分裂,兵交方始,若复废法,何用讨贼耶?"

译文

三国时,诸葛亮因马谡兵败街亭,将他斩首。后来蒋琬对诸葛亮说:

"从前楚国杀得臣，晋文公听说后非常高兴，据此可见，楚杀得臣是一个错误。如今天下未定，而你却杀了马谡这样富于智谋的人，难道不可惜吗？"诸葛亮含泪回答说："孙武用兵，之所以战无不胜，在于军法严明。因此，从前杨干乱法，魏绛毫不留情地杀了他。如今四海分裂，战争的烽烟才刚刚燃起，便废弛军法，还怎么能去讨伐逆贼呢？"

智慧解析

要使团队太平，必须制定赏罚分明的制度，"赏禁僭，罚禁滥"。立赏罚以劝惩善恶，对害群之马绝不可姑息迁就，否则各种丑恶现象就会死灰复燃，甚至如洪水决堤，纷至沓来，让团队更是无太平之日。

赵国盗患严重，平原君采取杀的办法也不能禁止。

有人说："改为赏盗，他富足了，盗行就收敛了。"

虞卿说："不可如此。先王建立赏罚制度是为了劝善惩恶，衰落世道的政令，即使微弱也不足以激发人们归附。所以行赏能禁止越轨行为，惩罚能禁止行泛滥，悬衡来称量它，还怕它不公平，而何况是倒行逆施呢？对那些盗贼如果放松了禁令而使他们欲望得逞，如同河水决口，必定有决口的地方，找到决口而堵塞它，这就可以了。如今不堵塞决口，反而用力阻挡流水，以致不能制止，就是因为弄不清它的决口在哪里，而想矫正它，却用违背先王法度的做法，这就好像要阻止水患却推卸了防患的措施一样，那怎么能防治呢？那些盗贼是些贪欲无厌的人，节制并阻止他，有人还要逾越，盗窃再获赏，好处没有比这更大的了，有利

的地方，百姓必定奔赴。都去奔赴，而禁止他们，这是变更无常的政令；都去奔赴而不禁止，人们就要去当盗贼了。这是鼓动人们作乱，还有什么（比这）更不好的呢？"平原君猛然省悟，起身再拜虞卿并接受指教，全部散发了他的私财产，用来救济贫穷的人，重申先王的章法，并用重金奖赏那些捕获盗贼的人。于是赵国的盗贼全跑到燕国去了。赵国的社会安定，路不拾遗，这是虞卿指教的结果。

　　管理者必须公正无私，赏罚分明。如果该罚的人不罚，该赏的人不赏，甚至该罚却受赏，该赏却受罚，这肯定会造成大家内心的不平，从而无法再安心工作，只是每日怄气，那么人心不齐，这个企业离败落之日也就不远了。

第九章

德 表
——立身处世的依据

严令军纪以身作则

原典

孔子曰:"性相近也,习相远也。"言嗜欲之本同,而迁染之途异也。夫刻意则行不肆,牵物则其志流。是以圣人导人理性,裁抑流宕,慎其所与,节其所偏。故《传》曰:"审好恶,理情性,而王道毕矣。"

译文

孔子说:"性相近也,习相远也。"意思是说,人们先天的嗜好和欲望基本上是相同的,而后天彼此的教习熏染不同,造成了人们彼此的重

大差别。如果对自己严格要求,行为就不至于放浪任性;如果被物欲牵着鼻子走,就会丧失远大的志向,流于放荡。因此,圣人用理性来教导人,裁抑放荡不羁的行为,慎重人的交往,节制人的偏差。所以《传》说:"明辨好恶,调理情性,做国王的道理和方法尽在其中了。"

智慧解析

老话说:上行则下效。又说:"上梁不正下梁歪。"作为领导,只有自我严格要求,并以身作则,作出表率,才具有号召力。

岳飞之所以能培养出骁勇善战、严守军纪的"岳家军",是与他平时身为表率、从严带兵、严格治军分不开的。

他把严以律己推到一个新的层次,要求部属做到的,他都以身作则首先做到。他又为自己制订出不一定要求士兵做到的"四不":一不贪财,二不爱色,三不纳妾,四是山河未复滴酒不进。这"四不"格言在当时的封建社会"人为财死"、官吏多是三妻四妾的环境中,要真正做到更是难上加难,但他却严格做到了自己规定的这"四不"要求。

岳飞在家时曾于16岁娶妻李氏,感情甚是笃厚。同僚们因岳飞功德无量,曾买一位美丽的土族女子送给他做妾,岳飞未见其人就婉言谢绝了。从此,别人再也不敢对他提纳妾之事了。

领导者正应该如岳飞所做的那样,要把下属当做与自己同等的个体,尊敬他们是个独立自主且应该尊重的完整之人。要为对方解除痛苦,对方有难,应义不容辞地站在他的前面为他抵挡危难。

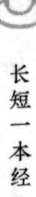

领导者要懂得，虽然在团体之中每个人所司之职，有职务上的高低，但司其职的各层人员本身并没有因职务的高低而造成尊卑之分。作为领导人的分析、评估、决策所下达的行为指令，直接影响到团体的成效和团体中所有成员的未来安危。因此，只有具备大智慧的人才能做首脑，不会将众人带领至死地。

另外，领导人对所制定的法治、奖惩要严格执行，不可以随便依个人的好恶而有所偏差。

身正令从

原典

此自理之大体也。故傅子曰："立德之本，莫尚乎正心。"心正而后身正，身正而后左右正，左右正而后朝廷正，朝廷正而后国家正，国家正而后天下正。故天下不正，修之家；家不正，修之朝廷；朝廷不正，修之左右；左右不正，修之身；身不正，修之心。所修弥近，所济弥远。禹汤罪己，其兴也勃焉。"正心"之谓也。

译文

以上是自我调理的大体原则。所以傅子说："树立道德的根本，莫过

于正心。"心正而后才能身正，身正而后身边的人才能正，身边左右的人正而后朝廷才能正，朝廷正而后国家正，国家正而后天下正。所以，如果天下不正，首先要修正国家；国家不正，首先要修正朝廷；朝廷不正，首先要修正身边左右的人；左右不正，要修正自身；自身不正，就要修炼自己的心，达到心正。所以越是能从自身、从近处修炼做起，其力量的感召范围就越是广远。夏禹和商汤能反躬自责，所以夏商才得以蓬勃发展，这是正心的缘故。"

智慧解析

其身正，不令而从；其身不正，虽令不从。"领导者只有严于律己，以身作则，才能使律令得以维持，从而建立起有利于自己的统治秩序，使自己的命令能得到较好的执行，进而顺利完成自己的事业。

曹操有一次出兵，经过麦田，下令部队不可破坏庄稼，触犯的人将被处死，于是骑兵都下马，用手扶着麦穗走过。就在此时，曹操的马却突然跳到麦田里，曹操于是下令掌法的官员讨论如何刑罚。掌法的官员说："依《春秋》的案例，刑罚不能上推到元首。"

曹操说："我自己订下法令，却又犯法，如何能率领部属？"

说着，他拔下佩剑，割下头发，放在地上，说："就权当是我的首级吧！"整个部队都为之震惊。

曹操的这一行为被很多人视为做作，但不可否认这是一个很好的典范。领导者当如曹操一般。法令虽说大部分是为下属制定的，但古人尚言"王子犯法与庶民同罪",更何况现今的领导者。领导者在规范他人时,只有自己也严守规范,以身作则,才能更好地让人信服,从而心甘情愿地自觉严守规范。

第十章

反 经
——知反经以晓规范用度之策

沽名钓誉

原典

《文子》曰:"圣人其作书也,以领理百事,愚者以不忘,智者以记事。及其衰也,为奸伪,以解有罪而杀不辜。"其作囿也,以奉宗庙之具,简士卒,戒不虞。及其衰也,驰骋弋猎,以夺人时。其上贤也,以平教化,正狱讼,贤者在位,能者在职,泽施于下,万人怀德。至其衰也,朋党比周,各推其与,废公趋私,外内相举,奸人在位,贤者隐处。

译文

《文子》中说:"圣人写书的目的,在于总结处理万事万物的经验,使愚笨的人掌握做事的方法,使聪明智慧的人牢记历史的经验。但当世道衰败之时,这些圣人之作也容易为奸诈之人所用所曲解,成为替有罪的人开脱罪责、杀戮无辜的工具。"辟建苑囿,本来是为了向人提供狩猎的场所,以供人们祭祀宗庙、检阅训练士卒、以防不测,但当世道衰败之时,便成为王公贵族驰骋弋猎、贻误农时的祸害。尊崇任用贤才,本来是为了推广教化,使狱讼公正,让贤人居于应有的地位,让有才能的人担任相应的官职,以便使君王的恩泽博施于下层百姓,使广大百姓感怀君王的恩德,但当世道衰败之时,推荐贤才之举,却成了拉帮结派、徇私废公、奸人在位、贤人下野的借口和工具。

智慧解析

世道险恶,你永远不知道自己身边的人真心的想法是什么,"画虎画皮难画骨,知人知面不知心"。在与人打交道时,一定要多留个心眼,看起来越真心的朋友,可能越会在关键时刻将你推入万丈深渊,毕竟这世上沽名钓誉之徒太多。

公元1年,西汉朝廷出了一桩稀罕之事:地处偏远西南夷蛮地区的越裳国,忽然派出两名使臣,越过千山万水来到长安,向朝廷贡献一件宝物,这宝物既非价值连城的奇珍异宝,也非人世罕见的神兽仙禽,只

不过是一对野鸡。野鸡是太普通的动物了，但这一对野鸡却有其弥足珍贵之处，便是它们通体上下一身纯白，连一根杂毛也没有。但它们的珍贵还不止于此，更主要的还是因为它和历史上的一桩盛事联系到一起了。传说在上古的周朝，其第二代国君周成王继位时还是一个孩子，朝中大政由他的叔父周公姬旦主持，由于他治国有方，国运昌隆，天下太平，周公因德高功大，举世赞誉，当时的越裳国便有献纯白野鸡之举，周公也名垂青史。

此时的汉朝，皇帝也是个孩子，朝中大政由大司马王莽主持，他的地位和当年的周公相当，既然越裳国又一次来献纯白的野鸡，就表明王莽的功德也和周公一样了。于是朝野一致称颂，说王莽便是当今的周公，应将他封为安汉公，并增加其封地。

按照中国古代等级制度，皇帝之下，还有王、公、侯、伯、子、男等几等爵位。汉朝自刘邦之后，异姓大臣，无论多么显贵，最高也只不过是封个侯爵，而王莽却高出一等，成了公爵，这在西汉的历史上还是绝无仅有的。当时具有最后审批权的是王莽的姑母——太皇太后王政君，她看到自己的侄子如此德高望重和受人拥戴，自然满心欢喜，欣然批准。太皇太后及众大臣哪里知道，那显示王莽无量功德的祥瑞之物的纯白野鸡，却是他暗中命令益州（今成都）地方官以高价搜求的。

自献野鸡，沽名钓誉，王莽此招不可谓不绝也。欲实现自己的目的，树立起自己的威望，便暗中做手脚假借他名，给自己笼上一层神秘的光环，这是政治家耍弄权术的惯用手腕。

立规成方圆

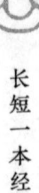

原典

跖之徒问于跖曰:"盗亦有道乎?"跖曰:"何适而无有道耶?夫妄意室中之藏,圣也。入先,勇也。出后,义也。知可否,智也。分均、仁也。五者不备而能成大盗者,天下未之有也。"

由是观之,善人不得圣人之道不立,盗跖不得圣人之道不行。天下之善人少而不善人多,则圣人之利天下也少而害天下也多矣。

译文

盗跖的门徒问盗跖:"难道偷盗也有一定的价值标准和原则吗?"盗跖回答说:"什么事没有标准和原则呢?能够预测室中所藏的东西,就叫做'圣';偷盗时敢于一马当先,叫做'勇';撤退时后出殿后,叫做'义';能决断可不可偷,叫做'智';分配偷来的东西时能均分,叫做'仁',不具备这五种品质而能够成为天下大盗的,这样的事情我还从未有听说过。"

由此看来,善良的人不掌握圣人之道,就难立身处世,盗跖不掌握圣人之道,也就难以行盗。正因为天下善良的人少,而不善良的人多,那么,所谓的圣人,他们为天下带来的利益就少,而给天下带来的祸害也就多了。

智慧解析

俗话说,"没有规矩,不成方圆。"这个规矩,实质就是做事的"规范",就是规章制度。既然立了规矩,就必须严格执行,也就是要"有法必依,执法必严,违法必究"。如果立了规矩,又不去认真执行,那么这些"规矩"还不如不立,立了不执行反而会造成更坏的后果。没有什么信用可言了,也就根本不可能做成什么大事。

公元前202年,天下一统,汉高祖执掌天下,叔孙通也当上了掌管典礼之职。可是,当时不论王侯还是将军,多为游侠群盗之辈,对礼仪、法统一窍不通。

当时,汉朝为安抚民心,将秦朝繁苛的法令彻底简单化。这么一来,却也使得礼法荡然无存。群臣在饮酒之中,互相夸耀战功,醉酒喧哗,甚至最后还出现拔刀劈砍宫殿庭柱的情形。即使是汉高祖,对这些现象也几乎一筹莫展。叔孙通深深了解高祖的忧虑所在,上奏言道:"一般说来,儒者对夺取天下大业毫无功劳。可是,他们却是最适合稳固陛下江山的人选。希望陛下能允许我召集鲁地的学者和我的学生,一起为朝廷制定礼法。"高祖说:"嗯。不过,太过烦琐的可不行。"叔孙通说:"请陛下放心。昔时五帝制定各式不同的乐声,夏、商、周三朝的礼法也不尽相同。所谓的礼法,必须因时代、风俗而定,既要繁复又可简略。我会参考古代与秦朝的礼仪,制定出一套新礼法的。"高祖说:"做做看吧,一定要简明易解,我可是受不了麻烦事。"

叔孙通前往鲁地,寻访了30多名儒者。但其中有两个毫不留情地

予以拒绝："阁下侍奉的君主一个接着一个，而每一次又都恬不知耻地谄媚阿谀，以获取高位。今日，天下好不容易安定下来，那些牺牲的臣民却仍被你们放任不顾。本来，制定礼法就要有符合制定礼法的步骤，不是天子应该先修积百年之德才得以着手进行的吗？阁下的做法，根本就是无视古来的道德，你还是赶快从我的眼前消失吧。要我助纣为虐，恕难从命。"叔孙通大笑道："真是无可救药的儒士。你们一点也不明白时势的转变。"

最后，叔孙通带了30名学者返回都城，和出仕宫廷的饱学之士，再加上百余名的弟子，花了月余的时间修订礼法整理成册后奏请高祖检视。高祖裁定完毕后，立即召集大臣进行讲习。

就这样，在公元前200年的长乐宫内，举行了正月朝贺之礼。公侯、将军、宫官按照等级列位于西侧，丞相以下的文官则坐于东侧。皇上一出宫，则由王侯以下顺次引导向圣上走去，晋呈贺辞。朝拜之后，尚有法酒之礼。在杯巡九回后，掌礼之人会下令"停酒"。不遵从者，会被毫不宽容地逐出场外。礼仪结束后，虽转地举行酒宴，却无一人胆敢放情狂欢。高祖衷心慨叹道："太了不起了，我到今天才真正尝到做皇帝的过瘾之处。"

立规矩才能成方圆。一个有序的大型体制，必须有一个统一有效的规定予以遵守，才能保证整个体制的长远生存。否则只能是散沙一盘，各种力量之间毫无牵制，很容易出事故。要知道，内部不稳，外部也是无法维持的。

第十一章

适 变
——知适变而晓权谋

顺风放火

原典

昔先王当时而立法度，临务而制事，法宜其时则理，事适其务故有功。

译文

从前，先王根据社会发展的具体情况制定法律制度，根据时务的要求来决定要做的事情。法令符合社会发展的要求就能够得到贯彻执行，所做的事情符合时务的要求就能够取得较好的效果。

智慧解析

　　顺从自然乃是天理。根据时事的状况来决定自己该做什么，面对危机作出正确的抉择，也就在很大程度上决定了事情的成败。

　　公元1363年，朱元璋和陈友谅两军为争夺天下，曾经在鄱阳湖展开了一场恶战。当时，陈友谅为便于作战，把他的巨舰全都连在一起，摆成长蛇阵，在船上高擎战旗和瞭望台，远远望去像坚不可摧的座座高山；而朱元璋船只太小，不能仰攻。双方在鄱阳湖连战三日，朱元璋逐渐显出劣势。

　　后来，朱元璋的部将郭兴建议用火破敌。于是，朱元璋命令准备7条小船，船上装上火药等易燃之物，并命令士兵扎许多手持武器、顶盔贯甲的草人排列在小船上。这天，7条装好火药、草人的船已整装待发。下午，恰好东北风起，朱元璋命令对陈友谅的军船发起进攻，船顺风飞速而行，将近敌船时，朱元璋下令点燃船中的草人、火药。陈友谅军见朱船进攻，以为船上都是士兵，光顾了迎战，却疏忽了防火。火船点燃后，乘风势瞬间就燃着了敌船。一时间，火借风势，风助火威，只见烟焰冲天，陈友谅连在一起的几百只船同时被点燃，湖水都被映得通红。陈友谅军一半被烧死或者淹死。朱元璋乘机指挥大军掩杀，大获全胜。

　　陈友谅犯了曹军赤壁之战的毛病，朱元璋则正是来了个赤壁翻版，把陈友谅的连船付之一炬，不费吹灰之力便消灭了陈军的大船。风与火的结合，威力确实是惊人呐！

乘败而击

原典

《文子》曰:"所谓无为者,非谓引之不来,推之不往,谓其循理而举事,因资而立功,推自然之势也。"

译文

《文子》说:"老子所说的无为,并不是引导他也引不来,推动他也推不去,什么事情也不做。而是指根据事物本身的道理去做事,根据既有的基础和条件去建立功业,即顺应推动事物发展的自然趋势。"

智慧解析

本来兵法上有乘胜追击的说法,在打了胜仗时应该乘着余威追击溃逃的敌人,但是不能拘泥于这一点,兵法上讲的是这样,如果实际情况有变,就应随之而改变战术。

公元918年冬,后梁军队和李存勖军队在胡柳陂展开一场大战。

最开始时,李存勖轻举妄动,贸然进攻,造成失败,损兵折将。当他把部队溃散的队伍收集起来时,已经被后梁军队围困在一座土山上。这时眺望山下,只见敌军旌旗飘飘,人走马动,将士们感到势孤力单很是恐惧。于是,有的将领建议鸣金收兵,择时再战。

这时，大将阎宝站出来说："现在千万不可退却！咱们的部队还没有完全集合起来，散在四周的部队正军心不定，气只可鼓而不可泄，泄则自溃。现在后梁方面，骑兵已经进了濮阳城，战场上只剩下步兵。这时，我们自高而下冲进敌阵，完全有可能战而胜之！"另一位大将李嗣昭也站起来说："我赞成阎将军的所见。现在天时将黑，敌方士兵都惦记着休息、吃饭、搭篷。如果我们派出骑兵前去骚扰，使他们吃不上饭，他们只好退却，而我们却可以乘他们退却予以追击。如果这时候我们收兵，给敌人以喘息的时机，那么往后的胜负就难说了。机不可失，时不再来，主帅你要当机立断。"

李存勖听他们二位说得有理，便下决心立即出击。于是阎宝、李嗣昭等将领带领士兵杀入山下，取得大胜，后梁军却转胜为败，死伤近3万人。

胜可以转为败，败可以转为胜，关键在于指挥官是否能抓住时机，顺应时势。五代十国时期，李存勖在胡柳陂的败胜，很能说明这点。他顺应退而气泄、进而气盛的趋势，赢得了大战的胜利。

第十二章

霸 图

——人脉是图就霸业的基石

以信取人

原典

臣闻周有天下,其理三百余年。成康之隆也,刑措四十余年而不用;及其衰也,亦三百余年。太公说文王曰:"虽屈于一人之下,则申于万人之上,唯贤人而后能为之。"于是文王所就而见者六人,求而见者十人,所呼而友者千人,友之友谓之朋,朋之朋谓之党,党之党谓之群,以此友天下贤人者二,人而归之,故曰:"三分天下有其二,以服事殷。"此之谓也。

译文

我听说周朝拥有天下太平无事的时间有300多年。成康兴盛之际,刑罚搁置40多年不被使用,及其衰落,也是300多年。姜太公对周文王说:"仅屈居于一人之下,然而却高居于万人之上,只有贤能之士能做到。"于是周文王礼贤下士亲近并见到的有6人,经过寻找后见到的有10人,一经呼唤即成为朋友的有上千人。由友及朋,由朋及党,由党及群,与自己志同道合的人像滚雪球一样越来越多。用这种办法来结交天下贤能之人有2/3。人民也都归顺他。所以说:"周文王得了天下的2/3,仍然向商纣称臣。"说的就是这个道理。

智慧解析

身为一方霸主,欲称霸天下,节制诸侯,除了要靠军事实力以外,更要修行仁德,讲求信义。齐桓公接受管仲的建议,不背曹沫之约就是很好的例子。

齐桓公归国即位后,想要成就霸业,于是任用管仲、鲍叔牙、隰朋等贤人治理国家加强军事实力。齐国逐渐强大,开始吞并邻国。齐桓公五年,桓公派兵攻打鲁国。鲁国此时正是庄公在位。庄公派自己的大将曹沫与齐国交战,结果连连失利。庄公害怕了,请求割地求和,桓公同意了,于是双方会盟柯地。齐桓公与鲁庄公坐在盟坛上谈判,曹沫突然拿着匕首劫持齐桓公。齐桓公的左右一时都愣住了,不敢轻举妄动,对曹沫说:"你想要干什么!"曹沫回答:"齐国强大,鲁国弱小,你们以大

欺小强占我们鲁国土地,太过分了!"

齐桓公君臣见状,于是答应全部归还鲁国侵地。曹沫于是放下匕首,走下盟坛,归到臣子的位置上,神色不变。齐桓公大怒,想要毁约,管仲劝他说:"如果因为贪图小利而失信于天下诸侯,我们就会处于被动,孤助无援,不如归还侵地,以此来取信天下诸侯,树立我们齐国的信誉。"齐桓公听从了管仲的劝告,把战胜得到的土地都归还鲁国。齐国因此威望大增,各诸侯国也都想归附齐国。

齐桓公因为遵守信誉,肯于放弃小利,顾全大体,得到各诸侯的信任,最终成为春秋五霸之一。

所以说,不论是国家、公司还是个人,要想成就事业,除了靠实力之外,还要讲求信誉,以信取人,不要顾小利忘大局。

以仁义治国

原典

董公说汉王曰:"臣闻顺德者昌,失德者亡;兵出无名,事故不成。故曰:明其为贼,敌乃可服。项王为无道,放杀其主,天下之贼也。夫仁不以勇,义不以力,三军之众为之素服,以告之诸侯,为之东伐,四海之内莫不仰德。此三王之举也。"汉王曰:"善。"

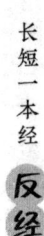

译文

董公对汉王刘邦说:"我听说顺应民德的人必定昌隆,失掉民德的人必定灭亡。出兵没有原因,事情就不会成功。所以说让天下明白对方是寇贼,对方才有可能归服。项羽行惨无人道之事,放逐杀害义帝,是天下的贼寇。行仁义不靠勇猛,讲义气不靠武力,三军士卒才能心悦诚服。把这件事遍告诸侯,再进行东伐,那样四海之内没有不敬仰你的德行,这才是夏禹、商汤、周文、武三王的义举。"汉王点头称善。

智慧解析

以仁义治国,必然得到百姓拥戴。西伯侯断虞、芮之讼,是其让诸侯归服,受命于天的开始。

西伯侯即周文王,因为积德行善,为人公道,诸侯有不能解决的事都来找他评判。虞、芮两地的人有一件怨结不能解开,于是到周国,想请西伯侯帮助评判一下。刚到周地界,见周国人谦让有礼,尊老爱幼,人民安居乐业,国家融合兴旺。虞、芮两地的人非常惭愧地说:"我们所争夺的事情,为周人所不齿,还是不要找西伯侯自取耻辱吧!"于是他们没去拜见西伯侯就回去了,怨结自然而解。诸侯听说后,感叹道:"西伯侯大概要受命于上天了!"

果然,文王死后,儿子武王继承父亲的事业,讨伐商纣,得到各诸侯的拥戴,开创了周王朝800多年的基业。周文王以仁德治国,使虞、芮两地人自惭形秽。

这件事告诉我们这样一个事实：不论是国家，还是公司，只有以礼、以仁、以德来进行管理，让百姓和属下能够安乐，那样他们就会自动协调各方面的关系，以大局为重，许多问题就会像"虞、芮之讼"一样自然而解，事业发展就更快更顺利。

第十三章

七雄略
——由此窥管理之道

以诚用人

原典

"臣闻明主绝疑去谗,屏流言之迹,塞朋党之门,故尊主强兵之臣,得陈忠于前矣。"

译文

"我听说英明的君王能够克服猜疑不定的心理,不听信谗言,摒斥流言蜚语,堵塞结党营私,把持朝政的门户,这样,那些希望富国强兵、尊崇君王的忠臣,才有机会到君王面前陈述自己报国的忠心。"

智 慧 解 析

信用，无论对树立老板在公司内部还是外部的形象，都极为重要，作为老板，必须学会以诚待人，以信取胜。

玄武门事变后，唐太宗李世民把政敌李建成的党羽收为自己的部属，开诚布公，化敌为友。有人担心，收留众多的敌党部属，恐有佞臣杂以其中，建议太宗在上朝时大发雷霆，那个敢于执言不屈的便是直臣，那个奉承顺从的就是佞臣。借此除掉佞臣。太宗没有接纳。他说：我要"以致诚治天下"。又说，我看以往的帝王好耍弄权术，是很看不起的。

唐太宗从历史经验中认识到君臣关系的破坏，往往来源于对臣下的猜疑，所以他说："一旦国君对大臣怀疑，人们就不敢畅所欲言，下情便不能上达。这样，要求臣僚们尽忠报国，就不可能了！"

特别是对打小报告、专事攻击别人的官僚，太宗特别警惕，甚至严重处罚。如有人告魏征谋反，太宗坚信是诬告，立即将告密者斩首。

贞观十九年（645年）太宗亲征高丽，出发之日，有人告留守京师的房玄龄，太宗下令立斩告密者，并告玄龄："若再有类似的情况，自行处理！"

由于唐太宗用人不疑，遂使朝臣忠于职守，一时政治清明，开创贞观盛世。

不管是一个领导者管理一个机构，还是我们平常与人相交，都应学唐太宗以诚用人,以诚待人。倘若你失去真诚,别人对你也会心存疑忌,无法坦诚相对,损失最大的只能是你自己。

收拢人心

原典

（秦王）自号为皇帝,而子弟为匹夫。内无骨肉本根之辅,外无尺土蕃翼之卫。吴、陈奋其白挺,刘、项随而毙之。故曰：周过其历,秦不及其数,国势然也。

译文

秦王室内无骨肉亲族本根的辅助,外无据有疆土、拥有军队的藩臣的护卫。所以陈胜、吴广揭竿而起,为天下倡,刘邦、项羽随之而起,很快灭亡了秦朝。所以说,周代的历史过于漫长,而秦朝没有历尽本应有的寿命,这是国家行政统治的不同态势所决定的。

智慧解析

言必信,行必果是领导者们一定要遵守的原则,如果答应下属的事

迟迟不去执行，该给面子时常常不给很容易弄出乱子来，汉高祖刘邦就差点惹出个大麻烦。

刘邦在打败项羽之后论功行赏，对于20几个主要功臣早就决定封赏了，但对其他人则因评定太慢而迟迟未能决定。有一天，刘邦在走廊上忽然看到花园里聚集了好几个小集团，似乎在商量什么大事。刘邦百思不解，于是回过头来询问张良是否知道他们在讨论什么。张良的回答吓了刘邦一大跳："陛下难道不知道吗？他们正在企图谋反。"刘邦赶紧问是什么原因。

张良回答说："陛下原来只是一介庶民，因为有了他们效力才得到了天下。然而陛下成为天子，却只有萧何那些一开始就得陛下欢心的大臣们获得赏赐。而另一方面受到处罚的，仍是那些平常陛下不喜欢的人。现在虽然有专人负责评定功绩，但是合计一下封地，即使把全国土地都封给功臣们，也是不够啊。他们害怕陛下不能让每个人都获得封地，或是因为过去的失败而受到惩罚，所以才聚集到这里计划谋反。"

刘邦听后沉吟良久，又问："那么这件事应该如何处理呢？"张良回答："是不是有一个陛下平日最讨厌的人，而大家又都心里知道呢？"刘邦回答："雍齿这个人是我早就厌恶的，他最喜欢跟我作对，我早就想杀掉他，但是因为他的功劳卓著，所以只好忍耐。"张良说："那么，请陛下赐雍齿封地，而且当众宣布吧！只要雍齿得到封地，大家自然会安静下来。"

于是刘邦采纳了张良的建议，大开筵席，封雍齿为侯，然后趁机告诉众人他已督促负责人尽快评定出每个人的功绩,请大家少安毋躁。如此一来,将领们都停止喝酒,大声欢呼,并且交相耳语:"连雍齿都受封为侯,我们一定也能很快受封。"

一个的力量终究是有限的,你必须得到大家的协助才能巩固统治。古人言:"得民心者得天下。"确实如此,一个企业若能得人心于下属,那么下属必会尽心尽力地为公司做事,而不会寻求反叛,即使公司陷入困境也不会弃之而去。当人心所向之时,那么整个企业便会如一块磐石,坚不可摧。

第十四章

钓 情

——知钓情悟取悦之道

察言观色秉顺上意

> **原典**
>
> 荀悦曰:"夫臣下所以难言者,何也?言出乎身则咎悔及之矣。"故曰:举过揭非,则有干忤之咎,劝励教诲,则有挟上之议。言而当,则耻其胜己也,言而不当,则贱其愚也。先己而同,则恶其夺己明也,后己而同,则以为从顺也。违下从上,则以为谄谀也,违上从下,则以为雷同也。言而浅露,则简而薄之,深妙弘远,则不知而非之。特见独智,则众恶其盖己也,虽是而不见称,与众同智,则以为附随也,虽得之不以为功。谦让不争,则以为易容,言而不尽,则以为怀隐,进说竭情,则以为不知量。言而不效,

则受其怨责,言而事效,则以为固当。利于上,不利于下,或便于左则不便于右,或合于前而忤于后,此下情所以常不通。仲尼发愤,称"予欲无言"者,盖为语之难也。

译文

荀悦说:"做臣下的说话难,为什么呢?一言出口,罪过和悔恨可能会随之而来。"所以说列举主上的过失、揭露主上的错误,则有忤犯主上的罪过;劝勉鼓励、教诲引导,则可能招来腐儒软弱的讽刺。所言得当可行,主上就会因有人胜过他自己而感到耻辱;所言不合事理,难以实行,则又会因自己的愚笨而受到主人的卑视;抢先说出了同主上想法一致的意见,主上就会憎恶你夺去了显示主上聪明的机会;稍后说出了同主上想法一致的意见,则被认为是顺从主上的旨意;违背下层的意见而顺从主上的意见,则被认为是谄媚巴结主上的举动;违背主上的意见而顺从下层的意见,则被认为与众雷同、没有主见。同大家的意见相同,则被认为见风使舵;违背众言,独树一帜,则被认为逞能出风头;语言浅显易懂,则被认为简陋浅薄;语言深妙弘远,又会因为不易使人听懂而遭到非议;见解独特不群、充满了智慧,大家就会因为他智盖群芳、鹤立鸡群而憎恶他,虽然见解正确,也得不到大家的称颂;如果同大家的见解一致,则被认为是随波逐流,即使他说得对、做得好,人们也并不认为他有什么功劳;与人谦虚礼让,不相互争斗,则被认为是没有本领;言而不尽,则被认为内怀隐情;如果和盘托出,则又被认为鲁莽不聪明;对事物的分析和预言如果同事物发展的实际不相符合,就会受到

责备和埋怨；对事物的预言准确、提出的建议获得了成功，人们则认为本来就应该如此。凡事情有利于主上，则可能不利于臣下；便利于左，则可能不便利于右；合于前则可能不合于后。这就是下情往往不能上达，孔夫子曾因愤怨而声称"我打算不再讲话"，其原因，大概讲话的确是一件很难的事吧。

智慧解析

作为下属，学会察言观色，见机行事，是十分必要的。若能很好地揣摩出领导的意图，做起事来，于上于下必然都很方便。

唐高宗李治将要立武则天为皇后，遭到了长孙无忌、褚遂良等一大批元老重臣的反对。一天，李治又要召见他们商量此事，褚遂良说："今日召见我们，必定是为皇后废立之事，皇帝决心既然已经定下，要是反对，必有死罪，我既然受先帝的顾托，辅佐陛下，不拼死一争，还有什么面目见先帝于地下！"

李𪟝同长孙无忌、褚遂良一样，也是顾命大臣，但他看出，此次入宫凶多吉少，便借口有病躲开了；而褚遂良由于当面廷争，当场便遭到武则天的切齿斥骂。

过了两天，李𪟝单独谒见皇帝。李治问他："我要立武则天为皇后，褚遂良坚持认为不行，他是顾命大臣，若是这样极力反对，此事也只好作罢了！"李𪟝明白，反对皇帝自然是不行的，而公开表示赞成，又怕别的大臣议论，便说了一句滑头的话："这是陛下家中的事，何必再问外人呢!"

　　这句话回答得真是巧妙，既顺从了皇帝的意思，又让其他大臣无懈可击。李治因此而下定了决心，武则天终于当上皇后。反对派长孙无忌、褚遂良都遭到了迫害，只有李勣官运一直亨通。

　　这个世上没有人是万能的上帝，没有人可以不顾他人的感受一意孤行，既然如此，为了生存，我们就要懂得迎合他人，察言观色，顺着对方的心意说话做事，这样我们做事才能顺心，才能事业有成。否则无意中得罪了人，等待你的将不是成功，而是失败。

观色见异兆

原典

　　智伯从韩魏之君伐赵，韩魏用赵臣张孟谈之计，阴谋叛变智伯。张孟谈因朝智伯，遇智果于辕门之外。智果入见智伯，曰："二主殆将有变，臣遇张孟谈，察其志矜而行高，见二君色动而变，必背君矣。"智伯不从，智果出，遂更其姓为辅氏。张孟谈入见赵襄子曰："臣遇智果于辕门之外，其视有疑臣之心。入见智伯而更其族，今暮不击，必后之矣。"襄子曰："诺！"因与韩魏杀守堤之吏，决水灌智伯军，此情可以视钓也。

译文

智伯（晋卿）联合韩国和魏国的国君共同征伐赵国。韩国和魏国接受了赵国大臣张孟谈的计策，阴谋背叛智伯。张孟谈因此事前往拜见智伯，在辕门外遇见智果。智果看到了张孟谈，急忙入见智伯，说："韩魏两国的国君伐赵的态度可能有变。我遇到张孟谈，看他神色和举止傲慢，不可一世的样子。又看到韩、魏二国君主神色激动、不同往常，他们肯定要背叛您。"智伯不同意智果的判断。智果出走，改姓为辅氏。张孟谈拜见赵襄子说："我在辕门之外遇见了智果，从他的眼神中可以断定，他已经开始对我怀疑了，他拜见智伯之后就改变了自己的族姓。如果今晚我们不出击，很可能就来不及了。"赵襄子说："好！就今晚行动。"于是，同韩魏两国的军队，杀了守护堤坝的部队首领，决开堤坝，水灌智伯的军队。这是用察言观色的方法钓取内情的例子。

智慧解析

见微知著是领导者防患于未然的一项重要基本功。所谓见微知著，就是说看到事物的苗头，就能预知事物未来发展的趋势。防患未然，是指隐患还没有发生之前就采取防备措施。领导者是否具备见微知著的能力，将直接影响到领导者的吉凶祸福，将直接影响到整个领导工作的成败得失。因此，是否善于见微知著防患未然，是领导者才华和水平的重要标志。

我国古代晋国掌握实权的智伯，指挥与韩、魏联合的同盟军侵入赵地，水攻晋阳城。

城眼看就要被水淹没，降服只是时间问题。然而，智伯的一名部下向主人报告："同盟军中的韩与魏将要叛变。"智伯问："何以知之？"那人答道："敌城即将攻陷，而韩、魏之君毫无喜色，这难道不是怀有异心的征兆吗？"

次日，智伯问韩、魏之君："有人说你们要叛变。"二人说："胜赵将三分其地，我们怎么会叛变呢？这一定是意在分裂我们的中伤！"智伯听信了这番话，要杀那名部下，幸而他已出逃。而此后不久，韩、魏之君果然叛离智伯。

如果在通常状态下喜悦是自然的，然而却不为之喜，应该说是异常之兆。智伯的部下能见微知著，发现异常；而智伯不能明察秋毫，又不能听取忠言，是善良得愚蠢了。

在任何时候都要牢记：只有见微知著，才能防微杜渐；只有见微知著，才能沉着应对、趋利避害；只有见微知著，才能未雨绸缪，防患于未然；只有见微知著，才能由此及彼，由表及里，透过现象看到本质；只有见微知著，才能察于未萌，止于未发。总之，见微知著是种有备无患的本领。

第十五章

诡　信

——忠信的另类解读

将计就计保护自己

> **原典**
>
> 楚子围宋，宋求救于晋。晋侯使解扬如宋，使无降楚，曰："晋师悉起，将至矣。"郑人囚而献诸楚，楚子厚赂之，使反其言，许之。登诸楼车，使呼宋人而告之，遂致其君命。楚子将杀之，使与之言曰："尔既许不谷而反之，何故？非我无信，尔则弃之，速即尔刑。"对曰："臣闻之，君能制命为义，臣能承命为信，信载义而行之为利，谋不失利，以卫社稷，民之主也。义无二信，信无二命。君之赂臣，不知命也。受命以出，有死无殒，又何赂乎？臣之许君，以成命也。死而成命，臣之禄也！寡君有信臣，下臣获考，死又何求！"楚子舍之以归。

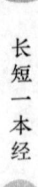

译文

　　楚子率军包围了宋国，宋国向晋国请求救援。晋国的国君派解杨先行到宋国，劝宋国不要向楚国投降，说："晋国的军队已经全部发动，将要到达宋国了。"郑国人乘解杨路过郑国时把他囚禁起来并献给了楚国。楚子用丰厚的财货收买解杨，让他违反晋君的意思向宋国传话，解杨答应了楚子的要求。楚人让解杨登上楼车，向宋国人喊话，解杨借机准确传达了晋国国君带给宋国人的话。楚子准备杀解杨，派人质问他："你既然已经答应了我们，却临机反悔，是什么道理？不是我们不守信用，而是你抛弃了信约，赶快去接受对你的刑罚吧。"解杨回答说："我听说，做国君的能制定可行的诏命叫做义，做臣子的能够执行国君的诏命叫做信，用信的行为使义的诏命得到实施，就叫做利。谋划不丧失利益，以达到保卫社稷的目的，这是人民赖以生活的保障。义不可能有双重的信用，信用也不可能同时执行敌对双方的国君的命令。做国君的贿赂臣下，就是不懂得一种信用不可能执行两种相反的命令的道理。既然接受了国君的命令出使宋国，宁死不可有辱君命，有什么可贿赂的呢？我之所以暂时答应您的要求，是想借机完成国君交给我的使命。以死来完成我的使命，是我的幸运。我们的国君有守信之臣，这同时也是我的成功，除死以外我还能有什么其他的追求呢？"楚子听说后，派人把他送回晋国去了。

第十五章 诡信——忠信的另类解读

智慧解析

做事要有一个灵活的心眼，不能一味认死理。有时在对别人的威逼利诱无法反抗时，可暂时屈服，这不是变节，而是为了完成任务所必须做出的让步，一切应以完成任务为主。在适当时机将计就计，既能保护自己，又能保证完成任务，成全大义，乃上上策。

建安六年，任司马的曹操在大谋士荀攸的推荐之下，得知属吏司马朗的弟弟司马懿很有才略，决定请他做官。此时，司马懿还是一个23岁的青年，刚被郡政府举为上计掾。司马懿字仲达，出生于世家大族，长得身材奇伟，仪表脱俗，且非常聪明，又多谋略，博学广闻，颇有忧天下之大志。同郡人南阳太守杨俊当时以善于知人闻名，他见了少年司马懿之后，便对人说："此儿长大，定为非常之器。"尚书崔琰同司马朗很要好，曾对他说："你弟弟聪明无比，刚断奇特，你是比不上的。"

果然，司马懿长到20岁就很有名气了。可是，年轻的司马懿却不愿接受曹操的征辟，他有独到之见，觉得汉室衰微，曹氏专权，挟天子以令诸侯。他一腔热血不愿屈节事曹，便推辞说自己患有风痹症不能起居而加以拒绝。曹操向来以机警多疑著称，岂会轻易相信！他立即怀疑这个青年是借故推辞，这大大损伤了他的威信，心里十分恼怒。曹操马上派刺客潜入司马懿府第，去验证他是否真有风痹症。

一天晚上，夜阑人静，睡梦中的司马懿忽然被极其细微的响动惊醒。他警觉地猛然睁开双眼，只见一把寒光闪闪的利剑正直向他刺过来。一刹那，他立刻机警地意识到这刺客定是曹操派来验察他病情的。于是将计就计，卧在床上一动不动，装着风痹病很严重，无法自卫的样子，任凭刺客为所欲为。刺客挥动利剑，做出好几个惊险万分的动作，佯装着要将他置之死地；而司马懿无丝毫反抗的举动。刺客见状，认定他果真风痹无疑，这才收起利剑越墙而去。

机警无比的司马懿第一次骗过了大他20多岁的诡诈之主曹操。他不但逃避了曹操的征辟，也逃过了因不受征辟将遭受到的迫害。这是常人所难以做到的。因为，这不仅需要对刺客的来头和用意做出准确判断，而且需要在事件发生的瞬间当机立断地做出决策，还需要有面对利剑将生死置之度外的勇敢精神。

笑里藏刀争权势

原典

燕王曰："夫忠信，又何罪之有也？"对曰："足下不知也。臣邻家有远为吏者，其妻私人。其夫且归，其妻私者忧之。其妻曰：'公勿忧也，吾已为药酒待之矣。'后二日，夫至，妻使妾奉卮酒进之。妾知其药酒也，进之则杀主父，言之则逐主母，乃佯僵弃酒，主父大怒而笞之。妾之弃酒，上以活主父，下以存主母也，忠至如此，然不免于笞，此以忠信得罪也。臣之事，适不幸而类妾之

弃酒也。且臣之事足下，亢义益国，今乃得罪，臣恐天下后事足下者，莫敢自必也。且臣之说齐，曾不欺之也。后之说齐者，莫如臣之言也，虽尧舜之智，不敢取。"燕王曰："善！"复厚遇之。

由是观之，故知谲即信也，诡即忠也，夫谲诡之行乃忠信之本焉。

译文

燕王说："做臣仆的讲诚信又有什么罪过呢？"苏秦回答说："大王有所不知，我的邻居中有一家丈夫远出做小吏，他的妻子在家同人私通。她丈夫快要回来时，与她私通的人很是忧虑。妻子说：'没有什么值得担忧的，我已经为他备好毒酒了。'过了两天，丈夫回来了，妻子就指使侍妾向丈夫进酒。妾知道是毒酒，如果进上就会毒死主父，告诉他酒中有毒，主母就会被赶出家门。于是就假装跌倒，把毒酒洒在地上。主父盛怒之下，打了侍妾竹板。侍妾把毒酒洒在地上，上保住了主父的性命，下使主母不致被逐出家门，如此尽忠，却不免挨板子。这就是因为忠信而获罪主人的例子。我现在遇到的不幸同侍妾弃酒的事情相类似。况且，我侍奉您，仗义而行，有益于国，却获罪于大王，我担心将来侍奉您的人，不会像我这样诚恳和固执了。再说，我第一次到齐国去倡导合纵，并不曾欺骗齐国。第二次游说齐王，如果没有我那样的语言艺术，即便有尧舜一般的智慧，恐怕也夺不回来十座城池。"燕王说："你讲得好！"因此恢复了对苏秦的优厚待遇。

由此看来，欺诈就是诚信，诡辩奸猾就是忠诚。诡谲的行为是忠信得以实现的基础。

智慧解析

面对英明的领导，我们可以直言，但面对愚昧的领导，我们则应注意自己的语言。英明的领导会包容你，但愚昧的领导只喜欢好听的话，尽管你说的都对。为了保全自己，又能表示自己的忠心，有时，适当的诡谲的行为是必须的，但要注意尺度的掌握。

陈平、周勃为安定社稷，挽救刘氏，拥代王刘恒为帝，史称汉文帝。

文帝即位，大夸太尉周勃亲自率兵诛杀吕氏，劳苦功高。陈平虽与周勃联手杀了诸吕，但内心深处仍嫉恨周勃，于是托病引退，让出高位，等候时机再来排挤周勃。汉文帝刚刚即位，对陈平称病感到奇怪。陈平谦虚地说："高祖在世的时候，周勃的功劳不如我，灭杀诸吕后，我的功劳不如周勃。"一席话，使文帝对陈平顿生好感，但一时又难改变初衷，于是，封周勃为右丞相，陈平为左丞相。

有一次，大臣们上朝。文帝问右丞相："天下一年判决的讼案有多少？"周勃谢罪说："不知道。"又问："天下一年的金钱和谷物的收支有多少？"周勃急得汗流浃背，谢罪说不知道。皇上又问左丞相陈平。陈平虽心中无数，但比周勃机灵，他说："这些事都有主管人。皇上要知道监狱的情况，可以问廷尉；要知道钱粮的收支情况，可以问治粟内史。"

皇上又问："既然一切事情都有主管的人，那么，丞相管什么呢？"

陈平感到排挤周勃的时机到了,便讨好道:"丞相主要的职责是:对上帮助天子调理阴阳,顺从四时;对下妥善地孕育万物;对外安抚四方;对内爱护百姓,使文武百官各司其职。"

文帝听了点头称赞。周勃则满脸羞愧,无地自容,不久,周勃托病请求免去右丞相职位,告老还乡。文帝趁机废除了左右丞相制度,让陈平一人做了丞相。

黑而无色,厚而无形,陈平可谓当之无愧。明里故作谦让,退而求其次,落下顺水人情;暗里实欲置他人于无能为力之境,再借机显才,将别人压下,此招不可不谓一绝。

第十六章

忠 疑

——练就慧眼，去疑辨忠

用人不疑不可偏听

原典

夫毁誉是非，不可定矣。以汉高之略而陈平之谋，毁之则疏，誉之则亲。以文帝之明而魏尚之忠，绳之以法则为罪，施之以德则为功。知世之听者多有所尤，多有所尤，即听必悖矣。

译文

毁誉、是非没有固定不变的标准。以汉高祖的胸襟和韬略，对陈平这种充满了智谋的人，有人诋毁陈平，汉高祖就疏远陈平；有人赞誉陈平，汉高祖又重新亲近陈平。以汉文帝的开明，对魏尚这样的忠臣，如

果绳之以法，他就成了罪人；如果对他施以恩德，他又成了功臣。因此就可以知道，听别人汇报情况的人，判断经常发生失误，判断失误，那么听到的情况同实际情况可能差距很大。

智慧解析

偏听偏信，必会错怪贤才，疑人不用，用人不疑，这才是真正的用人之道。

齐景公即位之初，命贤卿晏婴去做东阿宰，东阿就是今天山东阿城镇一带。晏婴在那里干了3年，齐景公听到对晏婴的评价却都是些坏话，他很生气地把晏婴召回来，要罢他的职。晏婴谢罪说："我知道自己的过错了。如果您让我在东阿再干3年的话，我一定能把那里治理得很好。"果然，过了3年后，从东阿回来的人都称赞晏婴的才能。齐景公大喜，急忙召回晏婴，打算重赏他。

可晏婴却拒绝了赏赐，对景公说："我前3年治理东阿，修桥筑路，以民事为先，遭到了不少富人的反对；我荐举那些勤俭孝悌的人，却遭到刁顽游惰之民的反对；我依法断狱，又遭到了豪强们的反对；左右的人对我提出种种要求，不合理的我就顶回去，这样又遭到了左右人的反对；我对贵官绝不违礼奉迎，这就又遭到了贵官的反对。所有这些人都在您面前造我的谣，说我的坏话，您当然会对我不满意。后3年，我反其道而行之，原来反对我的那些人当然就要称赞我了。由此看来，前3年，您应该奖赏我，而后3年，您倒是应该惩罚我呢！"齐景公听了这

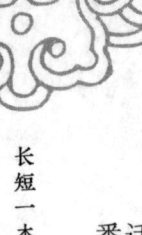

番话，才明白自己偏听偏信，错怪了晏婴这个贤才。他马上重用晏婴，授以国政。在晏婴的辅佐下，齐国的面貌为之一新。

可想而知，如果齐景公继续偏听偏信，罢了晏婴的官，吃亏的肯定是齐景公，由此他将失去一个可贵的贤才。既然用了这个人，就要给予其全面的信任，这样他才能大展拳脚，为企业创造辉煌的业绩。

坦荡处世

原典

楼缓曰："公父文伯仕于鲁，病而死，女子为自杀于房中者二人。其母闻之，勿哭。其相室曰：'焉有子死而勿哭乎？'其母曰：'孔子，贤人也，逐于鲁而是人弗随之。今死而妇人为自杀。若是者，必其于长者薄而于妇人厚。'故从母言之，是为贤母，从妻言之，是不免于妒妇也。"故其言一也，言者异则人心变矣。

译文

楼缓说："公父文伯在鲁国做官，因病而死。两位女子也为他而在房中自杀。他的母亲听说后却一声不哭。屋内侍候她的人说：'哪有自己的子女死了却一声不哭的道理？'他的母亲说：'孔子是一位贤人，被鲁国

驱逐，而我的子女却不跟随孔子。现在病死了，妇人却为他而自杀。这肯定是因为他对长者刻薄而对妇人厚道。'这件事，用做母亲的标准来衡量，她是一位贤良的母亲；如果用做妻子的标准来衡量，就不免成为爱嫉妒的妻子了。"所以说，同样的话，说话人的身份不同，其用意也就随之不同了。

智慧解析

人难免会犯错，犯些不是很严重的错误，若是能坦诚地向领导道明，也许还能得到领导的原谅。若遮遮掩掩，有时往往会越抹越黑。若一朝真相大白，反会为领导猜忌，丧失领导对自己的信任。因而与领导坦诚相见，是极为必要的。

高允，字伯恭，在北魏太武帝朝廷当官，受封为汶阳子，兼任著作郎。

辽东公翟黑子，颇受太武帝宠信，奉命出使并州，收了千匹布的厚礼。

这件事被发觉后，公翟黑子问高允说："如国君问起这件事，是承认好呢？还是隐瞒好？"

高允说："您府内受宠的大臣要是犯了过失，如果坦白承认，几乎都会获得原谅，希望您也不要欺瞒。"

但中书侍郎崔鉴、公孙质等人却都认为应该隐瞒。公翟黑子就认定崔鉴、公孙质等人才亲近自己，于是生气地与高允绝交。最后并未坦白承认，竟因此获罪被杀。

为人处世，贵在真诚。只有坦荡处世，才能问心无愧。老板都喜欢坦荡的下属，认为他们是全心全意为公司。而对那些不坦荡的人，则会认为他们只会为自己考虑，不会顾虑公司利益，反而只会损害公司利益，因此绝不会重用他们，而且可能还会借机将之开除。

第十七章

恩生怨

——知恩生怨从而谨慎处世

怨而生愤图谋篡位

原典

晋使韩简子视秦师云:"师少于我,斗士倍我。"公曰:"何故?"对曰:"出因其资,入用其宠,饥食其粟,三施而不报,所以来也。"

译文

晋国派韩简子去了解秦国军队的情况,韩简子回来后说:"秦国军队的数量比我们少,但能战斗的战士却比我们多。"晋公问道:"什么原因呢?"韩简子回答说:"君王逃离晋国靠的是秦国的帮助,回到晋国是因

为得到了秦国的恩宠，发生了饥荒，吃的是秦国的粮食。秦三次施舍给我们恩德，而我们却未作任何报答，所以秦兵胸怀怒气而来，战斗力肯定比我们强。"

智慧解析

因怨生愤，并因而为所欲为，终会败己之事。忌急善忍，以静待动，方为良策。

北魏太武帝拓跋焘即位后，觉得刘洁是国家栋梁之材，便委以大任，凡是议论商讨军国大事，朝臣都佩服他的远见卓识。不久便升迁他为尚书令，改封巨鹿公。后拓跋焘率兵西伐，以刘洁所部为前锋。沮渠牧犍的弟弟董来在城南抵抗，刘洁相信巫师的话，认为日子时辰不好，临阵击鼓退兵，所以董来攻入城中。从此太武帝对刘洁便有所嫌恶了。刘洁长期在枢密院掌管军政机要，便恃宠自专，独断独行起来，太武帝心中有些不平。

当时朝中提议讨伐蠕蠕（古柔然民族），刘洁认为不如劝课农桑，囤积粮食，等到蠕蠕兵来入侵时消灭他，群臣都同意他的意见。拓跋焘决议起兵，就与崔浩商议，崔浩说："以往攻击蠕蠕时，出师仅有几天，刘洁他们就要引兵回还，致使敌人刀下逃生，据说退兵时距敌人只有30里了，这是刘洁等人的过失。北部冬天要下大雪，冬至时他们常南迁避寒，如果在这时候隐蔽地出军，必然与他们相遇，然后可以擒获他们。"皇帝认为极有道理，就分兵四路进军，与诸路兵马相约在鹿浑

海合围。

刘洁深恨自己的计谋未被采用，为了阻止诸将，他假传圣旨改变相会日期，这样诸将就没有按期来合围。当时敌人大乱，景穆要出击，刘洁坚持认为不行。在鹿浑海停驻了6天，各路兵将还没有来会合，敌人已逃遁很远了才发兵追击到石水，未追上而返回来。军队在沙漠中行军。粮食吃完了，士卒死亡很多。刘洁暗地里又让人扰乱军队，劝皇帝舍弃军队轻骑逃回，拓跋焘没听从。刘洁以进军失败而上奏，归罪于崔浩，皇帝说："诸将没按期到达，致使未能破敌，罪过在各位将领，怎么在崔浩呢？"

出征前，刘洁就暗地里对亲信说："如果军队战事失利，车骑不能生还，我就要立乐平王为帝。"刘洁又让右丞相张嵩找到篡位的证据，问道："刘氏要做帝王，那么继承王位后，我还有名姓吗？"张嵩回答："有姓而无名字。"

刘洁假传圣旨改变军期的事被告发之后，借图谶篡位的事也被揭发，于是刘洁和张嵩等人都被处死。太武帝拓跋焘一想起刘洁就愤愤不已，说起来则切齿痛恨。

越是与亲近的人相处越要小心，不要做出使其怨恨的事情，恐其因怨生恨酿成大祸。得罪了他就要时刻提防着他，免得遭其暗算。

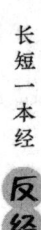

谨小慎微处处留心

原典

杜邺说王音曰:"邺闻人情恩深者其养谨;爱至者,其求谨。夫戚而不见异,亲而不见殊,孰能无怨?此《棠棣》、《角弓》之所作也。"由此观之,故知怨也者,亲之也;恩也者,怨之所生也,不可不察。

译文

杜邺向王音说:"我听说人之常情是:恩情深的人,对他的敬仰须特别谨慎周到;特别亲爱的人,其要求也特别细腻周到。关系亲密而得不到特殊的对待,谁能无怨呢?这就是《诗经》中'常棣'、'角弓'所创作的情感背景。"由此可知,所谓愤怨的情绪,是亲人之间的一种情感;所谓恩情,是怨恨情绪赖以产生的源泉。人生在世,不能不详察这其中的道理。

智 慧 解 析

君子立身处世,贫贱不能移,富贵不能淫,威武不能屈,这是封建社会中理想的做人准则。然而,这并非常人可以做到。有些人,贵而忘贱,得志便猖狂,恣意妄为,最终身败名裂。吕僧珍可谓是深知立身之

道的智者，他功高不自居，身贵不自傲，相反更加谨慎，从而使皇帝对他更加信任、放心。

吕僧珍是东平郡范县人，其家世居广陵。从南齐时起，吕僧珍便追随萧衍。萧衍为豫州刺史，他任典吏，萧衍任领军，他补为主簿。建武二年，萧衍率师援助义阳抗御北魏，吕僧珍随军前往。萧衍任雍州刺史，吕僧珍为萧衍手下中军参军，被当做心腹之人。萧衍起兵，吕僧珍被任为前锋大将军，大破萧齐军队，为萧衍立下大功。

吕僧珍因有大功于萧衍，被萧衍恩遇重用，其所受优待，无人可以相比。但其从未居功自傲，恃宠纵情，而是更加小心谨慎。当值宫禁之中，盛夏也不敢解衣。每次陪伴萧衍，总是屏气低声，不随意吃桌上的果实。有一次，他喝醉了酒，拿了桌上一个柑橘，萧衍笑着说："卿真是大有进步了。"拿一个柑橘被认为是大有进步，可见吕僧珍谨慎到什么程度。

吕僧珍因离乡日久，上表请求萧衍让他回乡祭扫先人之墓。萧衍为使其衣锦还乡，光宗耀祖，不但准许其还乡，还封他为持节使、平北将军、兖州刺史，即管理其家乡所在州的最高行政长官。然而，吕僧珍到任后，平心待下，不私亲戚，没有丝毫张狂之举。

吕僧珍的从侄，是个卖葱的，他听说自己的叔叔做了大官，就停下生意，跑到吕僧珍那儿要求谋个官做。吕僧珍对他说："我深受国家重恩，还没有做出什么事情以为报效，怎敢以公济私？你们都有自己的事干，岂可妄求他职，你还是好好地卖你的葱吧！"

吕僧珍的旧宅在市北，前面有督邮的官府挡着。乡人都劝吕僧珍把

督邮府迁走,把旧宅扩建。吕僧珍说:"督邮官府自我家盖房以来一直在,怎能为扩建吾宅让其搬家呢?"坚持不肯。

吕僧珍有个姐姐,嫁给当地的一个姓于的人,住在市西。她家的房子低矮临街,左邻右舍都是做买卖的店铺货摊,一看就是下等人住的地方。但吕僧珍常到姐姐家中做客,丝毫不以出入这种地方为耻。

吕僧珍58岁时病死,梁武帝萧衍下诏说:"大业初构,茂勋克举,及居禁卫,朝夕尽诚。方参任台槐,式隆朝寄;奄致丧逝,伤恸于怀。宜加优典,以隆宏命,可赠骠骑将军、开府仪同三司、常侍、鼓吹、侯如故。"不但如此,吕僧珍还被加谥为忠敬侯。

吕僧珍善有善终,当和他立身谨慎是分不开的。与自己的上司相处,必须时刻小心谨慎,不要触怒了上司,除非你不想吃这碗饭了,否则一旦得罪了上司,后果将是不堪设想的。

第十八章

诡 顺

——知诡顺掌握大义之道

深明大义知主而报

原典

昔晋文公初出亡，献公使寺人披攻之蒲城，披斩其袪。及反国，吕郤畏逼，将焚公宫而杀之。寺人披请见，公使让之曰："蒲城之役，君命一宿，汝即至。其后余从狄君以田渭滨，汝为惠公来，求杀余，命汝三宿，汝中宿至。虽有君命，何其速也？"对曰："臣谓君之入也，其知之矣。若犹未也，又将及难。君命无二，古之制也。除君之恶，唯力是视。蒲人、狄人，余何有焉？今君即位，其无蒲、狄乎？齐桓公置射钩而使管仲相，君若易之，何辱命焉？行者甚众，岂惟刑臣！"公见之，以难告，得免吕、郤之难。

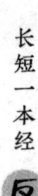

译文

从前,晋文公从晋国出逃的时候,晋献公派宦官披围攻在蒲城的晋文公,披斩断了晋文公的衣袖,晋文公还是跑掉了。晋文公后来回到晋国做了国王以后,晋国的旧臣吕甥、郤芮害怕晋文公报复他们,准备焚烧宫室,杀害晋文公。宦官披请求拜见文公,文公派人责备披说:"蒲城之战,国君本来命你第二天到达,而你当天即率兵赶到了。后来我随狄国的国君在渭水边打猎,你又向晋惠公请战来杀我,国君本来命你三天赶到,你第二天就赶到了。虽然你是奉命行事,但你的速度为什么那么快呢?"披回答说:"我原来认为君王回国后,就会很快了解当前的情况,看来您尚不了解内情,这样下去,恐怕还将遭难。执行君王的命令,不能三心二意,这是古代的制度。除掉君王所憎恶的人,唯有尽力而为。无论蒲人还是狄人与我又有什么关系呢?现在您做了国王,难道就不会像先君一样重演在蒲、狄追杀仇敌的情况吗?齐桓公置管仲曾指挥射中自己带钩的前怨于不顾,任命管仲做齐相,你如果采取同齐桓公相反的态度,不劳您的命令,我会自觉离开晋国的。而且出走的人会非常多,难道仅仅是我受过宫刑的小臣吗?"晋文公很快接见了披,披就把吕、郤将发难的事情告诉了晋文公,使晋文公避免了一场灾难。

智慧解析

只有贤人才会善待他人,只有贤人才会知人善任。古人讲究"士为知己者死",这是深明大义之举。要想人真心诚意为自己做事,就要善待

第十八章 诡顺——知诡顺掌握大义之道

有才能的人。

豫让是晋国人，原先曾经服侍过范氏和中行氏，没有什么声名。后来他去服侍智伯，智伯很尊重宠信他。等到智伯攻伐赵襄子，赵襄子与韩（康子）、魏（桓子）合谋消灭了智伯，瓜分了他的土地。

赵襄子最恨智伯，把他的头骨涂上油漆，作为饮酒的大酒盅。豫让逃到山中，自叹道："唉！英雄应该为了解自己的人献出生命，美女应该为爱慕自己的人修饰容貌。智伯是我的知己，我一定要为他报仇而死，以报答他，那么我就是死了也无遗恨了。"

豫让于是改变姓名，装成被判罪刑当苦役的人，潜入赵襄子的宫中修整厕所，衣内暗藏着匕首，准备刺杀赵襄子。襄子上厕所，心中一惊，便拘问粉刷厕所墙壁的人，才知道是豫让，搜索衣服，见他夹带着凶器，豫让说："我要给智伯报仇！"跟随的人要杀掉他。襄子说："他是深明大义的人，我注意回避就是了。况且智伯身死没有后代，他的家臣要为他报仇，这是天下的贤人呢！"结果把他释放了。

过了不多时间，豫让又全身涂漆，使皮肤长满癞疮，吞炭使嗓子变得沙哑，弄得面目全非，在街上讨饭。他妻子不认识他。朋友遇见了，还认得出，就问道："你不是豫让吗？"豫让回答道："我是啊！"朋友为他的行为感动得流泪说道："以您的才能，委身去侍奉赵襄子，襄子一定接近、宠信您。那时，您要干您想干的事，不是更容易吗？何苦摧残自己的身体，丑化自己的形貌，用这样的办法来达到报复襄子的目的，不是更困难吗？"豫让说："既然委身服侍别人，又想杀他，这是怀着二心服侍他的君主啊。我知道我这样做是最艰难的，之所以这样做，是为了

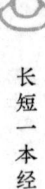

使天下后世怀着二心去服侍君主的人感到羞愧。"

豫让说完就走了,过不多久,襄子要外出了,豫让潜伏在他将要经过的桥下,襄子来到桥下,马忽然受惊,襄子说:"一定是豫让在这里。"使人查问,果然是豫让。这时襄子责问豫让道:"您过去不也服侍过范氏、中行氏吗?智伯都把他们消灭了,而您不为他们报仇,反而委身做智伯的臣子。现在智伯也死了,您为什么单单要这样深切地为他报仇呢?"豫让说:"我服侍范氏、中行氏,他们只把我当一般人看待,所以我只像一般人那样报答他们。至于智伯,他把我当一国之中最杰出的人士看待,所以我也要像一个杰出的人物那样来报答他。"襄子感慨叹息而流泪说:"哎呀豫先生!您为智伯报仇也成名了,而我宽赦您也足够了。你应当自己做个安排,我不再释放您了!"于是命令士兵围住他。豫让说:"我听说贤明的君主不埋没别人的美名,而忠臣自有为名节而死的义务。前次君王宽恕了我,天下没有人不称道君王的贤明,今天的事情,我应当伏法受诛,但我希望得到您的衣服砍它几下,这样才算表达了我报仇的心愿,就是死也无遗憾了。但这当然不是我所敢指望的,只是冒昧地披露我的衷心。"当时襄子十分赞赏他的义气,便让使者拿衣服递给豫让,豫让拔剑跳起来砍它,说道:"我可以报答智伯于地下了!"于是用剑自杀。豫让死的那天,赵国的有志之士听到这个消息,都为他哭泣。

江湖之中多壮士,官仕之中多忠臣,豫让一心不事二主,兼济大义于一身,他的胆识和忠诚是值得后人学习的。

励主思进

原典

陈琳典袁绍文章,袁氏败,琳归太祖。太祖谓曰:"卿昔为本初移书,但可罪状孤而已,恶止其身,何乃上及祖父耶?"琳谢曰:"楚汉未分,蒯通进策于韩信;乾时之战,管仲肆力于子纠。唯欲效计其主,取福一时。故跖之客可以刺由,桀之狗可以吠尧也。今明公必能进贤于怨后,弃愚于爱前。四方革面,英豪宅心矣。唯明公裁之。"太祖曰:"善!"厚待之。

译文

陈琳曾做袁绍的机要文书,袁绍失败后,陈琳归服魏太祖曹操。曹操问陈琳:"你从前为袁本初起草文书,但可历数我的罪状也就够了,恶意的攻击也应局限于我自身,为什么上溯到我的祖父呢?"陈琳急忙谢罪后说:"楚汉相争,胜负未分的时候,蒯通向齐王韩信进献同汉王项王三分天下的策略;乾时之战,管仲为齐桓公的政敌公子纠竭尽了全力。他们唯一的目的就是为主人效力,取得一时的幸福。所以盗跖的门客受主人之命,可以去刺杀许由;夏桀的狗,只要主人示意,就会去咬帝尧。现在明公如果能够在愤怒平息之后仍然提拔贤能人才,淘汰那些虽然同您的关系亲密但又无能的人,这样就能使四方英豪革面定心,效力明公。请明公斟酌定夺。"曹操说:"你讲得很好!"于是厚待陈琳。

智慧解析

作为下属,在领导为安逸所阻、不思进取之时,想方设法创造条件和环境,使之重鼓斗志,这样,也许当时他会有一时之怒,但时日久了,必能体会出你举动的深意而对你倍加信赖。

晋公子重耳逃亡到齐国,齐桓公十分礼遇他,将同宗之女许配给他,并给他20辆马车,公子重耳生活颇感安定,一住将近5年,没有离开的意思。赵衰、舅犯在桑树下谋划离开的计策,恰巧被采桑养蚕的妾妇听见,妾妇就去告知姜氏(重耳之妻),姜氏却杀了她,告诉公子重耳说:"公子志在四方,知道这秘密的人已被我杀了。"公子说:"没这回事。"姜氏说:"走吧!苟且偷安会坏了名声。"公子却不同意。姜氏只好与舅犯等人商议,将公子灌醉,用车载着他走。

走远之后,公子醒来,非常生气,拿起戈,追着舅犯说:"如果事办不成(回晋国登基),我会吃你的肉。"舅犯边跑边说:"如果事办不成,我恐怕死无葬身之地;如果办成了,拥有晋国,好处不尽。我的肉又腥又臊,哪用得着呢?"

于是就出发了。重耳归国之后,终成霸业,史称晋文公。

身为人臣,就要为主分忧。如果某事对主不利,应大胆反驳,当然如果主上不是非常明理之人,可以采用一些非常手段。聪明的人即使用了些不好的方法,但凭着他们的巧舌如簧也能转危为安,因为主上听了虽会觉得是狡辩,但因为有理也就无法再动怒。

第十九章

难 必
——成功只能靠自己

吉祥自求不在天降

原典

魏文侯问狐卷子曰:"父子、君臣之贤足恃乎?"对曰:"不足恃也。何者?父贤不过尧而丹朱放;子贤不过舜而瞽叟拘;兄贤不过舜而象傲;弟贤不过周公而管蔡诛;臣贤不过汤武而桀纣伐。望人者不至,恃人者不久。君欲理,亦从身始,人何可恃乎!"

译文

魏文侯问狐卷子:"父子、兄弟、君臣的贤(道德才能)足以依靠吗?"

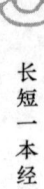

孤卷子回答说:"不足依靠。为什么呢?做父亲的贤超不过唐尧,但是,他的儿子丹朱却被尧流放了。做儿子的贤超不过舜,但他却被自己的父亲瞽叟囚拘。做弟弟的贤超不过周公,但他的哥哥管叔和蔡叔却被周公杀掉了。做臣子的贤超不过商汤和周武,但商汤讨伐并推翻了自己的君王夏桀,周武讨伐并推翻了自己的君王商纣。单单指望他人,就难以达到目的;仅仅依靠他人,就难以维持长久。您如果想把自己的国家治理好,也应该从自身做起,怎么能仅仅依靠他人呢?"

智 慧 解 析

祸福在人而不在天;事在人为而不在天命,只有人才可创造世上一切幸福,故求天求地不如求自己。

楚王喜好吉祥,有人献给他白乌鸦、白八哥和连理枝,群臣都来祝贺。荀卿没有来,楚王召他来并对他说:"我没有才智,有幸依赖先君的遗德,群臣和睦,四面边界平安无事,鬼神认可而降吉祥,大夫独自在那里不高兴,我愿听听其中的原因。"

荀卿回答说:"我小时曾经受到老师的教育。您听说的吉祥事,不是我所认为的吉祥啊。我听说君王的吉祥事有三件:得到圣人为上,丰收年景为次,得到凤凰、麒麟为下。而可以认为是吉祥的,也可以认为是不吉祥的,是不包括在上述之列的。所以凡是形状特殊、颜色怪异而无益于百姓的东西,都可以说它是吉祥的,也可以说它是不吉祥的。所以先王考虑治理国家,看见一种不同一般的东西,必定省察自己的执政情

第十九章 难必——成功只能靠自己

况。认为是吉祥的征兆，就必定自我反省说，我有什么德行而降吉祥？假如果真有德，就更加勉励还没有做到的；倘若没有德，就反躬自省，担忧它不可信，害怕它变福而为祸。认为是不吉祥的征兆，就必定自我反省说，我犯了什么罪却招引它降临？如果真有罪，不等到天亮就改掉它；没有什么罪过，就早晚恭敬小心，检点自己的视听是否还有注意不到的地方，害怕它被掩盖了，担心它有隐藏的而不为人知。正是因为这样，因此吉祥就不会白来，而不吉祥的应验就会落空。如今三闾大夫被放逐，死在湘地，鄢、郢、夷等地全被秦国占领，农夫、牧童没有一个不拿起武器来抵抗秦兵，老年病弱的送水送饭的。火灾旱灾相继，闹饥荒，没有贮存的粮食。虽然有凤凰、麒麟每天聚集在郊外，也不能填补楚国的漏洞，何况是变色的鸟、不合常规的草木呢？您如果不省悟，楚国就危险了。"

楚王不省悟，荀卿就隐退到兰陵，楚国就不可振兴而灭亡了。

求人永远不如求己。如果对别人过分依赖，则会失去处世的能力和权威。况且外人永远不会把别人的事当做自己的事办，有利益冲突时很可能第一个就溜之大吉了。所以，最能信赖的只能是自己。把所有事情都握在自己手上，才更有安全感。

物质激励

原典

黄石公曰:"王不可以无德,无德则臣民叛。"此言臣子不可必也。

译文

黄石公说:"做君主的对臣子不能没有恩德,否则臣子就会背叛他。"这讲的是臣子也是不能无条件依靠的。

智慧解析

趋利避害是人的天性,示之以赏,立之以信,必能使人趋之若鹜,从而使自己的政令得以有效贯彻。

吴起做了魏武侯时的西河郡守。秦国有一个小的军事据点在边境上,吴起想攻取它。如果不攻取这个小据点,对魏国的种田人危害很大,如果攻取它,又犯不着为这点小事去征集军队。

于是吴起把一辆车的车辕放在北门之外,自己靠着车辕下令说:"如果有人能把此辕搬到南门之外,就赏赐给他上等的田地,上等的住宅。"可没有人去搬动它。终于有一个人把此辕搬到南门之外,吴起立即按命令赏赐了他。一会儿,吴起又把一担红豆放在东门之外而下令说:"如

果有人能把这担红豆搬到西门之外,赏赐和上一个一样。"大家都来争着搬。

于是吴起下命令说:"明天就要攻打小据点,有能第一个登上据点的人,任命他为国大夫,并赏赐给他上等的田宅。"人们争着跟随他。第二天攻小据点,一个早晨就攻克了。

任何人都在寻求自己的利益,在利益的驱动下,人们才能积极做事。如果没有利益,人们是不会跟从你、听你的命令的,即使被逼也会因不是心甘情愿而懈怠。一个领导者要想让下属尽力做事,就必须给予其一定的利益,才能激励他们努力工作。

第二十章

昏 智

——神清智明才能作出正确的判断

能屈能伸以屈求存

原典

太史公曰:"平原君翩翩浊代之佳公子也。然不睹大体。语曰:'利令智昏。'平原君贪冯亭邪说,使赵陷长平四十余万,邯郸几亡。"此昏于利者也。

译文

太史公说:"平原君是混乱之世中一位风度潇洒的公子,然而却不识大体。俗语说'利令智昏'。平原君轻信冯亭的邪说,使赵国在长平

之战中丧失了四十万大军，邯郸几乎失陷。"这是被利益冲昏了头脑的例子。

智慧解析

在政治、军事斗争中，最合理的一句话大约是"识时务者为俊杰"了。领导者制定策略的高明之处，就在于他能够从战略全局着眼，以政治、外交上的灵活性，力避两面作战的不利局面，促使战略的态势向有利于自己的方面转化。当会屈伸之道，当屈之时，忍辱负重，屈中求存，这样才能保全自我，从而厚积而薄发。

关羽遭东吴杀害后，魏、蜀、吴之间的关系立时紧张起来。孙权为移祸于人，将关羽首级星夜送往魏都洛阳，企图叫刘备知道是曹操的原因，关羽才被杀，让刘备痛恨曹操，不至于向自己进兵。曹操却将关羽的首级取一香木身躯配之，封官加冕，以王侯之礼葬于洛阳南门外，意在使刘备心恨孙权，尽力南征。刘备念念不忘兄弟之情，所以在称帝之后，就不顾群臣谏言，大举进攻东吴。

孙权在这种不利的条件下，权衡利弊：如果东吴当时只是单纯对付前来报仇的刘备，还不是力不能及。然而刚刚称帝的曹丕如果同时来袭，东吴就难以招架了。在这种艰难处境下，为了摆脱被动局面，孙权采取了政治上和外交上忍辱负重的灵活政策，获得极大成功。

首先，孙权力争和刘备讲和。他不惜屈尊下就，向刘备"上表求和"，并做出了重大的让步：一、将孙夫人送回成都；二、缚还糜芳、

傅士仁等降将；三、将荆州仍旧还给西蜀；四、与刘备永结盟好，共反曹丕。

孙权的这些让步，就是要回到以前的策略上来，使吴、蜀重修归好，孤立曹魏。从长远的利益来看，这对吴、蜀两家都有好处。但刘备念弟心切，断然拒绝孙权的建议，做了一次鲁莽错误的决定。

孙权看到吴蜀交兵已不可避免，又立即对曹丕"写表称臣"。曹丕也想乘机孤立刘备，先反西蜀，他派使者到东吴，封孙权为吴王。当时东吴文武百官纷纷劝谏道："将军应自称上将军、九州伯之位，不应当受魏国帝王的封爵。"孙权反驳道："当日沛公刘邦受项羽的封号，只是出于彼时罢了，现在我的处境也像刘邦，为什么要推却曹丕的封号呢？"他不顾顾雍、徐盛等人的极力阻挠，亲自率领百官出城迎接魏使，恭顺地接受了曹丕的封爵。这样，使魏国在吴蜀交战时起码能站在中立的位置，不致使东吴两面受敌。

孙权用屈辱忍耐的方式求得一种生存方式，他在吴蜀交战中终于取得胜利，不仅表现了他能屈能伸的英雄本色，还表现了他清醒理智的头脑，没有被利益冲昏头脑。相反，刘备却做了错误的决定，从而断送了自己的霸业。

莫感情用事以大局为重

> **原典**
>
> 语曰："莫知其子之恶。非智损也，爱夺之也。是故论贵贱，辨是非者，必自公心言之，自公心听之，而后可知也。"
>
> 故范晔曰："夫利不在身，以之谋事，则智虑不私己，以之断义，则厉。诚能回观物之智，而为反身之察，则能恕而自鉴。"

译文

俗语说："'人们往往看不到自己儿子的短处。'这并不是因为智慧的水平还达不到，而是溺爱的情感阻碍了智慧的发挥。因此论贵贱、辨是非的人，必须以公正的心态来说，必须以公正的心态来听，然后才能作出正确的判断。"

范晔说："不计较自己的切身利益，用这样的心态去做事，考虑问题就不会处处为自己谋私利；用这样的心态去判断事物的得失就能严肃认真。如果真正能够用观察他事他物的态度和方法来反观自身、检察自身，就能够于人宽恕，于己严肃了。"

智慧解析

作为领导，你一定要保持自己公正平和的形象，千万不要感情用事，

即使是遇到了胡搅蛮缠、不易对付的属下，也只应该动之以情、晓之以理，切不可证明只有你最重要，而他作为一名职员是多么的渺小。你要知道，你是个领导者，你是在领导别人，而不是在和别人意气之争，所以你应该拿出领导的气度来，不要和下属一般见识，否则只会导致别人的反感。

古代时，有一次，唐太宗李世民曾在上朝期间与吏部尚书唐俭下棋。唐俭是个直性子的人，平时不善逢迎，又好逞强，与皇帝下棋却使出自己的浑身解数，架炮跳马，把唐太宗的棋打了个落花流水。

唐太宗心中大怒，想起他平时种种的不敬，更是无法抑制自己，立即下令贬唐俭为潭州刺史，还不干休，又找了尉迟恭来，对他说，"唐俭对我这样不敬，我要借他而警百官。不过现在尚无具体的罪名可定，你去他家一次，听他是否对我的处理有怨言，若有，可以此定他的死罪！"

尉迟恭听后，觉得太宗这种张网杀人的做法太过分，所以当第二天太宗召问他唐俭的情况时，尉迟恭只是不肯回答，反而说，陛下请你好好考虑考虑这件事，到底该怎样处理。

唐太宗气极了，把手狠狠地一挥，转身就走。尉迟恭见了，也只好退下。唐太宗回去后，一来冷静后自觉无理，二来也是为了挽回面子。于是大开宴会，诏三品官入席，自己则主宴并宣布道："今天请大家来，是为了表彰尉迟恭的品行。由于尉迟恭的劝谏，唐俭得以免死，使他有再生之幸；我也由此免了枉杀的罪名，并加我以知过即改的品德，尉迟恭自己也免去了说假话冤屈人的罪过，得到了忠直的荣誉。尉迟恭得绸

缎千匹之赐。"

　　作为领导,如果在一怒之下匆忙做决定,丧失最起码的理智判断,那么有可能会导致全军覆没。冲动是魔鬼,我们平时做事一定要保持理智,不然事后后悔也将无济于事。

第二十章　昏智——神清智明才能作出正确的判断

第二十一章

卑 政

——行卑政解决实际问题

萧规曹随

原典

韩非曰:"所谓智者微妙之言,上智之所难也,今为众人法而以为上智之所难也,则人无从识之矣。故糟糠不厌者,不待粱肉而饱;短褐不完者,不须文绣而好。以是言之,夫治世之事,急者不得,而缓者非务也。今所治之政,人间之事。夫妇之所明知者不用,而慕上智之所难论,则其于人过远矣。是知微妙之言,非人务也。"

译文

韩非子说:"所谓智者的微妙言论,就是那些具有上等智慧的人也难以完全理解的。现在为普通百姓立法,运用的是具有上等智慧的人也难以完全理解的文字,普通百姓就无从理解了。所以,连糟糠也吃不饱的人,不奢望等待有了酒肉好饭才去吃饱;破衣短裤也穿不上的人,更不会要求穿文绣之衣来打扮自己。由此说来,治理世事,太着急了不行,太缓慢了也不行。现在所治理的政事,都是民间俗务,如果不用普通百姓都能明白的道理,而仰慕具有上等智慧的人也难以明白的理论,离人事也就太远了。据此可知,微妙高深的言论,不是治理世事所需要的。"

智慧解析

西汉王朝建立后,汉高祖鉴于亡秦的教训,加以当时社会经济凋敝,民不聊生,于是实行休养生息政策,诸如轻徭薄赋、宽缓刑狱、务劝农桑等,而丞相萧何则是协助汉高祖制定和推行这一政策的核心人物。由于这一政策使饱经战乱的百姓得以安定地从事生产,因此很快就收到了成效。萧何死后,曹参接任相国的职务,继续推行这一既定政策,历史上称之为"萧规曹随"。

曹参原是一位勇敢善良的大将,在协助刘邦夺取天下的一系列战争中立有汗马功劳。刘邦称帝后,他担任齐国丞相9年,实行黄老无为而治,刘国安集,人称贤相。惠帝二年,他继萧何为相国,举事无所变更,一遵萧何约束。选择丞相属吏悉取郡国官吏年长而不善言辞的忠厚长者；言文刻深、欲务声名的人一概不要。他自己则日夜饮酒。卿大夫和属吏见曹参根本不理政事，都想劝谏他。可是，一见面还未张口，就被曹参拉着喝酒，喝得烂醉如泥，结果什么意见也未能提出来，时间一长，也就习以为常了。上行下效。

曹参身为长官如此作为，吏员也是日夜畅饮，歌呼呜呜，有些官员觉得太不像话，于是请曹参到吏舍去视察，希望他将那些喝酒闹事的吏员治罪，不料，曹参到了吏舍，反而一起饮酒作乐，歌呼相和。消息传到惠帝耳中，惠帝很不高兴，认为曹参不理政事是瞧不起他。

一天，他让曹参的儿子中大夫曹窋回去问他的父亲："高祖刚死，皇帝年轻，君为相国却日夜饮酒，怎能治理天下呢？"曹窋回家后将惠帝的话学说了一遍，却遭到他父亲的痛打。曹参让儿闭嘴，不要对天下事说三道四。不久，曹参上朝，惠帝责怪曹参。君臣之间有这样一番对话：

帝让参曰："与窋胡治乎？乃者我使谏君也。"

参免冠谢曰："陛下自察圣武孰与高皇帝？"

上曰："朕安敢望先帝！"

参曰："陛下观参孰与萧何贤？"

上曰："君似不及也。"

参曰："陛下言之是也。且高皇帝与萧何定天下，法令既明具，陛下垂拱，参第守职，遵而勿失，不亦可乎？"

惠帝曰："善。君休矣！"

曹参为相国3年，百姓歌之曰："萧何为法，讲若画一，曹参代之，

守而勿失。载其清靖,民以宁壹。"

为政者只要结合自己的实际情况,施行切实可行的政策即可。完全不用理会外人的眼光,因为只有自己的身体才知道"药"管不管用。

解放思想,敢想敢干,开拓进取,有干劲闯劲,付出一番艰辛汗水,才能干事创业,这是很浅显的道理。创业容易守业难。而要保持原有的基础、成绩,不成为败家子,这"无过"也实属不易啊!

吃饭穿衣看家当

原典

张释之言便宜事,文帝曰:"卑之!无甚高论,令今可施行。"由是言之,夫理者,不因时俗之务而贵奇异,是饿者百日以待粱肉,假人金玉以救溺子之说矣。

译文

张释之向汉文帝谈利国便民的事,文帝说:"讲得通俗一些,不要高谈阔论,讲现在就能够施行的。"由此说来,治理国家的人,抛开时俗最急待解决的事务而崇尚高贵奇妙的理论,无异于饥饿的人不吃粗茶淡饭而等待百日以后的酒肉好饭,又好比给人金玉以使他去救落水的人。

智慧解析

俗语说:"吃饭穿衣看家当",从事建设应根据自己的实际情况,充分考虑自己的财物的可行性,量力而行,才有利于自己发展。不自量力,好大喜功,只能无端地劳民伤财,损耗国力。

莒北离公要在莒地修城,效法晋国绛都的样子修筑。

正舆大夫进谏说:"晋国是天下的大国,而修建绛都用了3年的时间才修成,百姓不堪忍受,而何况在小小的莒地呢?小小的莒国比起晋国不到百分之一大,用百分之一的力量企图达到百分之百的力量所能完成的事,这和用羊羔拉象车有什么不同呢?再说即使把城修成了,而给它守卫的是百姓啊,把莒国全部的人都用上,也不及晋国一个城的人多,却怎么敢效法绛都。如果有了战争,老百姓只能集中守城的一个角,其余三个角就没有人把守了。"莒北离公不听,就拆除旧城而修建新城,老幼残疾全部被驱赶服劳役,修了5年,而还未完工。

楚国出兵讨伐它,百姓不战就溃逃。君子说莒北离公的智慧还不如蚂蚁,蚂蚁都知道算计一下它的同伙多少而筑穴,有警报就迁移,迁徙时各干各的事,有蚁卵的就背着它的卵而行。如今离公建设国家而不考虑自己的能力,不量力而行,不丧亡还等什么呢?

想要管理一个企业,就要量力而行,能做什么就做什么,不应看到别人的成就高就效仿,看到别人的策略好就采用,还要看自己适不适合。否则,好高骛远会很容易招致失败。

第二十二章

善亡

——成功不可一蹴而就

铺平前路再思进取

原典

五谷种美者之，苟为不熟，不如荑稗。夫仁亦在熟之而已矣。

译文

五谷是粮食中好吃的种类，如果没有成熟，反倒不如荑子和稗子。仁也同五谷一样，只有在成熟以后才能收到应有的效果。

智慧解析

进退切需从容,将准备工作一切安排就绪之后,再一举迈进,定能畅通无阻,若急功近利,不懂循序渐进,时机尚未成熟之际便轻易迈步向前,反而可能阻碍前进之途乃至招来祸患。

五代时,晋王因将领们及各地藩镇劝进,不得已,就下令官吏去买玉,要刻登基用的玉玺,当时有人找到了传国之宝,而且也奉献给朝廷。

张丞业一听到这件事,急忙赶到魏州,劝谏晋王说:"大王世世代代忠于唐朝宗室,如今河北刚刚平定,但朱氏还在,而大王就争着登上王位,实在不合向来南征北伐的本意,大王何不先消灭朱氏,为唐朝宗室的几位先帝报仇,然后寻找唐朝宗氏的后代,辅佐他登基。再南征吴国,西取巴蜀,平定天下。这时,即使唐高祖、太宗复生,又有谁敢占大王上头的地位?登基的事,只要大王谦让得愈久,地位自然越巩固。老奴没别的用意,只是因为受了先王的大恩,所以希望为大王建立可以流传万代的根基罢了。"

晋王不听从,张丞业只有大哭而回。

"心急吃不了热豆腐"、"欲速则不达"说的都是一个道理,当你越着急时反而离目标越远。"磨刀不误砍柴工",只要把基础打好了,成功是必然的。

积才得势谦谨奉身

> **原典**
>
> 故知善也者,在积而已。今人见徐偃亡国,谓仁义不足仗也;见承桑失统,谓文德不足恃也。是犹杯水救火、一饭问肥之说,惑亦甚矣。

> **译文**
>
> 所谓的善行,贵在积累而已。今人看到以仁义著称的徐偃亡了国,便认为仁义也不足依仗;见承桑国修文废武而亡国,就认为文德也不足依恃。这就好比杯水救火、一饭问肥的故事,是非常荒谬的。

> **智慧解析**

为人臣属者,刻苦好学,使自己腹有雄才,方能得人赏识;得势之后,谦谨奉身,低眉做人,公正清廉,方能上为领导所信,下为国僚所敬,将人做得圆圆满满,必使人无懈可击。而这就需要在平日里有意识地提高自己的修养。

前秦时期,苻融在冀州时,对崔玄伯十分敬重,奉为上宾,处处以礼相待,授任他为阳平公侍郎、冀州从事、主管征东记室。在外,他总管处理日常事务;入内,则是苻融的宾客好友。每日政务繁多,玄伯处

理得井井有条,且处事果断,从不拖泥带水。

前秦主苻坚听说了玄伯的事情,对他的才能感到惊异,要召崔玄伯做太子舍人,玄伯以母亲身体有病婉言辞谢,不久被降职为著作佐郎。太原人郝轩,一向知人善任,认为玄伯有辅佐帝王的才能,当今之世没有人能与之相比。玄伯因躲避战乱滞留在齐鲁之间,被叛将张愿所留絷,郝轩扼腕叹道:"这样有才华的人遇到如此动乱的年代,不能借扶摇之势奋起,只能与燕雀之辈同伍,岂不是太可惜了!"

虽战争频仍,兵荒马乱,玄伯仍专心致志刻苦攻读,也不在意家中财产多寡,他的妻子跟随他不免常遭受饥寒折磨。

魏太祖征讨慕容宝,驻扎在常山,崔玄伯弃城远奔海滨。太祖慕其才,请回军中,与之纵论天下大事,见他果然满腹经纶,心中大喜,任命他为黄门侍郎,伴驾左右,协助处理机要大事,为朝廷制定法令礼俗。

太祖要重定国号,交有关机构议论。玄伯引经据典,上自三皇五帝,下至殷商秦汉,历数其制定国号的由来原委,最后论及当世称:"我国拥有广袤北方领土,地域辽阔,现传至陛下,蛟龙腾舞,应运而生。陛下虽是承继旧国,但又开创新业,于登国元年改代国为'魏',现又有慕容永进献魏土,国力更盛,以'魏'命国,意味着神州大地,我为头等大国,这是改朝换代征验,是大吉大利的兆头,臣以为应立国号为'魏'。"太祖觉得玄伯所言极是,欣然同意,于是四方宾王进贡,都称"大魏"。

太祖驾临邺地,召玄伯询问旧事,玄伯熟知历史,一一从容应对,有问必答,太祖非常满意。此后,任命玄伯为吏部尚书。大业初创,百业待兴,玄伯受命,督促各有关机构设置官职爵位,制定朝廷礼仪,颁

布法令律条，明确各种规章制度，最后交由玄伯审查裁定，一旦确立，就作为今后长久的规范。此时的玄伯位高权重名望高，但仍清醒，自律很严，不随同流俗。官越做越大，仍一如既往，洁身自好，俭朴清廉，从无分外之举。玄伯淡泊利禄，自己不经营产业，家徒四壁，清贫如洗。出门不乘车马，朝夕步行上下朝。老母70高龄，每日也是粗茶淡饭，太祖久有耳闻，曾派人秘密察访，果然不错，因而对他更加器重，优厚赏赐。也有人讥笑玄伯这样自苦未免过分，他听后都泰然处之，不因别人的议论以致嘲讽而改变初衷，反倒格外小心谨慎，清廉一贯。

太祖驾崩，太宗尚未继位，此时清河王拓跋绍听说朝中人心不稳，觉得有机可乘，便拿出大批钱财布帛馈赏朝臣，收买人心，只有玄伯知道他居心叵测，坚决不肯接受。太宗登朝，因玄伯拒受拓跋绍财物，有忠臣的节操，非常敬重，屈尊登门看望，特别赏赐丝帛200匹，这令曾接受过拓跋绍馈赠的重臣长孙蒿等人愧疚不已。

是金子在哪里都会发光，有才能的人终究会崭露头角。有才还要有德，且要一直保持，这样的人难做，因为难才更可贵，才更能受到人们的敬重，才更有前途。

第二十三章

诡 俗

——知诡俗辨忠奸

不计私怨减免内争

原典

夫事有顺之而失义，有爱之而为害，有恶于己而为美，有利于身而损于国者。

译文

常常有这种矛盾现象：做事顺从了他人反而给人造成了损失，行义爱护他人反而造成了危害，有的人对自己充满了恶意反而成就了自己的美事，有的有利于自身反而有害于国家。

智慧解析

蔺相如为国家利益,不计私怨,避免与廉颇冲突,实为大度高雅者。同僚相处不应常以名利相比,以个人得失相比,为官须以国为重。

蔺相如出使秦国,完璧归赵后不久,秦、赵两国国君会面。

赵王曰:"寡人得蔺相如,身安于泰山,国重于九鼎,相如功最大,群臣莫及。"乃拜为上相,位在廉颇之右。廉颇怒曰:"吾有攻城野战之大功,相如徒以口舌为劳,位居吾上,且彼乃宦者舍人,出身微贱,吾岂甘为之下乎?今见相如,必击杀之!"

相如闻廉颇之言,每遇公朝,托病不往,不肯与廉颇相会。舍人俱以相如为怯,窃议之。偶一日,蔺相如出外,廉颇亦出,相如望见廉颇前导,忙使驭者引车避匿傍巷之中,俟廉颇车过方出,舍人等益忿,相约同见相如,谏曰:"臣等抛井里,弃亲戚,来君之门下者,以君为一时之丈夫,故相慕悦而从之。今君与廉将军同列,班况在右,廉君口出恶言,君不能报,避之于朝,又避之于市,何畏之甚也?臣等窃为君羞之!请辞去!"相如固止之曰:"吾所以避廉将军有故,诸君自不察耳!"舍人等曰:"臣等浅近无知,乞君明言其故。"相如曰:"诸君视廉将军孰若秦王?"诸舍人皆曰:"不若也。"相如曰:"夫以秦王之威,天下莫敢抗,而相如廷叱之,辱其群臣,相如虽驽,独畏一廉将军哉?顾吾念之,强秦所以不敢加兵于赵者,徒以吾两人在也。今两虎共斗,势不俱生,秦人闻之,必乘间而侵赵。吾所以强颜引避者,国计为重,而私仇为轻也。"舍人等乃叹服。未几,蔺氏之舍人与廉氏之客,一日在酒肆中不期而遇,

两下争坐,蔺氏舍人曰:"吾主君以国家之故,让廉将军,吾等亦宜体主君之意,让廉氏客。"于是廉氏益骄。河东人虞卿游赵,闻蔺氏舍人述相如之语,乃说赵王曰:"王今日之重臣,非蔺相如、廉颇乎?"王曰:"然。"虞卿曰:"臣闻前代之臣,师师济济,同寅协恭,以治其国。今大王所恃重臣二人,而使自相水火,非社稷之福也。夫蔺氏愈益让,而廉氏不能谅其情,廉氏愈益骄,而蔺氏不敢折其气。在朝则有事不共议,为将则有急不相恤,臣窃为大王忧之!臣请合廉、蔺之交,以为大王辅。"赵王曰:"善。"虞卿往见廉颇,先颂其功,廉颇大喜。虞卿曰:"论功则不如将军矣,论量之有哉?"虞卿曰:"蔺君非儒士也,其所见者大。"因述相如对舍人之言,且曰:"将军不欲托身于赵则已,若欲托身于赵,而两大臣一让一争,恐盛名之归,不在将军也。"廉颇大惭曰:"微先生之语,吾不闻过,吾不及蔺君远矣。"因使虞卿先道意于相如,颇肉袒负荆,自造于蔺氏之门,谢曰:"鄙人志量浅狭,不知相国能宽容至此,死不足赎罪矣!"因长跪庭中。相如趋出引起曰:"吾二人比肩事主,为社稷臣,将军能见谅已幸甚,何烦谢为。"廉颇曰:"鄙性粗暴,蒙君见容,惭愧无地!"因相持泣下,相如亦泣。廉颇曰:"从今愿结为生死之交,虽刎颈不变!"颇先下拜,相如答拜。因置酒筵款待,相欢而罢。后世称刎颈之交,正谓此也。

倘若相如为保全自己的节操,不避廉颇,那么可以想象当他们两败俱伤时,赵国也就要败亡了。正是相如的舍弃节操才保全了赵国。所以观人的才能、成就,不可局限于已见的事实,还要知其因果。

依法量决

> **原典**
>
> 刘梁曰:"昔楚灵王骄淫暴虐无度,芊尹申亥从王之欲以殡于乾溪,殉之以二女。"此顺之而失义者也。

译文

刘梁说:"从前,楚灵王骄奢淫逸,暴虐无度,芊尹、申亥在楚灵王死后,顺从了灵王生前的欲望,把他葬在乾溪,并用两位女子殉葬。"这是顺从他人欲望从而丧失了义的原则的例子。

智 慧 解 析

秉公执法,不为权力所驱,坚持原则,救民于水火,为此甚至不惜冒杀头的危险,盛安可谓刚直之至矣。这种精神颇值得我们仿效。

乾隆十三年(1784年)3月11日,从济南到德州的路上,皇帝东巡的仪伏、扈从匆匆北上,凤舆中的皇后富察氏病得奄奄一息。到了德州渡口,皇后被抬上运河中的御舟,即于深夜亥时晏驾。丧妻之后,过度的悲恸造成乾隆帝一种变态心理,使得乾隆初年原本相对平静的政治生活,又掀起很大波澜,一批大官僚相继被贬责黜革甚至赐死,犹如火山喷发,大地震颤,使皇族和官僚们措手不及,蒙受灾难,百日丧满后,

风波还在延续,这就是查究丧期内擅自剃发的案件。就在乾隆发威、风云变色之际,有一位司法官员竟挺身而出,要求从宽处置,以至于自身险遭杀头问斩之厄,他就是刑部尚书盛安。

盛安,满洲镶黄旗人,姓那拉氏。自康熙二十六年(1687年)袭祖爵踏入仕途后,步步荣升。到乾隆十三年,正值孝贤皇后丧葬风波迭起高潮之际,谙练刑法的盛安第二次出任刑部尚书。

满洲旧习,帝后之丧时,为表示哀思,官员在百日内不得剃发。但在6月间,发现山东沂州营都司姜兴汉、奉天锦州府知府金文淳在百日丧期内剃头。乾隆大发雷霆,声言丧期内剃头,按"祖制"应立即处斩,就如同进关时,令汉人剃发,不剃发者无不处斩之理。其实,所谓"祖制"仅是暧昧不明的习惯而已,律例会典中并无明文记载,汉官甚至满员对此也不甚清楚。十多年前,雍正皇帝去世时,许多官员就没有遵照习惯,在丧期内剃了发,但朝廷并没有追究。这次乾隆出于对义笃情深结发之妻的哀思,却要严加追究了。

盛安刚接任刑部尚书,就碰到将金文淳等立即斩首的狱案,他借乾隆召见之机,极力陈请应从宽处置此案。他说:虽然我在都察院担任左都御史时已经"于勾决本画题",表示同意将金文淳等斩立决的处置。但接任刑部尚书后,经过仔细斟酌,觉得如此量刑过重,"似应拟斩监候",也就是判处死刑但缓期执行。乾隆帝闻奏大怒,当场训饬他何以如此出尔反尔,指令他与刑部官员按定例拟定即可,不要有所反复,并且许诺说只要你们刑部按斩立决奏报上来,"朕自加恩",予以改判斩监候,深悉乾隆此时心态的盛安知道,虽然皇帝口头应承得很好,实际上根本是

推诿而已。只要刑部按例拟定，金文淳等也就毫无生机了。因此，盛安"唯称斩决过重，迟回观望，久而不奏。"刑部如此拖延，乾隆更为恼火，召来盛安面加诘问。盛安仍然坚持己见。并且陈述"孝恭仁皇后大丧内，有佐领李斯琦剃头问拟斩候之案，今拟较决，恐人疑其办理未协。"乾隆怒气勃发，当即下谕旨称："朕临御十三年，居心行政，海内共知，而盛安敢于肆行私意，曲法徇私，以为己德。其处心积虑，视朕为何如主耶？着革职拿交刑部，从重治罪，以为人臣目无君上，巧为沽名者戒！"刑部随即议定依照"大臣巧言谏免，暗邀人心律，拟斩立决"。据传闻，当盛安被反邦起来押赴市曹，与金文淳同置于法时，他"施然长笑"，毫无懊悔窘丧之情，只是口中反复重复"臣负朝廷之恩而已"。后来，乾隆帝又下旨从宽发落，改判斩监候，命近臣驰骑连同金文淳等一起赦免时，盛安"施然叩谢如常"，当时市曹万目共睹，对盛安宠辱不惊的气度都赞不绝口，说："此真司寇也！"

10月，乾隆命盛安入上书房辅导诸皇子，说："念其一时冒昧，所谓愚而可悯者，犹可在书房效力。着于阿哥师傅处行走赎罪。"虽然因掩饰己过而未明赦盛安之罪，但其对盛安不畏帝威的刚正也不无褒赏。

这说明，事后冷静下来，乾隆帝也明白了其中的道理。盛安此举才是真正的忠君，倘若按乾隆说的做只会陷他于不义。敢于纠正领导错误的人，可遇而不可求。

第二十四章

息 辩
——立身从政，掌握行本

查清真相再做决断

原典

由此言之，夫立身从政，皆有本矣；理乱能否，皆有迹矣。

译文

由此说来，立身从政，都有赖以实行的根本；国家的治乱，臣下的贤能与否，都有事迹可寻。

智慧解析

在没有查清事实真相时就做决断,将会造成无法弥补的错误。

叔孙为鲁国宰相时,位高独断,他所喜爱的童仆阿牛,也假借叔孙的命令独断行事。

叔孙有个儿子名壬,被阿牛妒忌,想要陷害他。有一次阿牛和壬去鲁君处所求见,鲁君赏赐一只玉环,壬拜而收下,回家却不敢佩带,请阿牛去问父亲叔孙。阿牛没去问就欺骗壬说:"我已经帮你请示过了,你父亲准你佩带。"阿牛又对叔孙说:"有没有看到壬佩带玉环?是鲁君赏赐的,壬已经佩带了。"叔孙召见壬,看到壬佩带的玉环,非常愤怒,就把壬杀死了。

壬的兄长叫丙,阿牛又妒忌他,想要杀他。叔孙有次命丙去铸钟,钟铸成后,丙不敢敲击,请阿牛问父亲叔孙。阿牛又没去问,骗丙说:"我已经帮你问过了,你可以敲钟,以察其声音。"丙击钟后,叔孙听到钟声后说:"丙这孩子,不报告就擅自敲钟,真是可恶。"叔孙愤怒地要逐他出境,丙不得已逃到齐国。住了一年后,丙为谢父亲叔孙不杀之恩,想要回鲁国。叔孙派遣阿牛去召儿子丙回来。阿牛没有去召丙就回来报告叔孙说:"我去召过了,你的儿子丙非常愤怒,他不回来。"叔孙听了大怒,就派人去把丙杀死了。

叔孙两个儿子都被杀死了,自己又有重病,阿牛想独自侍候病人,告诉左右的人说:"叔孙不想听到人的闲杂声。"

因无人接近,不久叔孙就饿死了。阿牛密不发丧,把府库里的贵重

宝物全数偷了，投奔齐国去了。

叔孙得到这样的结局，全是他不查清事实真相，只一味听信于人造成的。倘若他亲自审问两个儿子，结果肯定不会如此。

独有定见不信谗言

原典

若操其本行，以事迹绳之，譬如水之寒、火之热，则善恶无所逃矣。

译文

做君王的如果能掌握臣下的行为之本，又用事迹去考察他们，这就好比水的寒冷，火的热烈，或善或恶，都逃不过君王的眼睛。

智慧解析

身为领导，随时都可能遇到下属进谗陷害他人之事，此时，能保持清醒的头脑，冷静剖析事理，不偏听偏信，不轻易为他人左右的领导，才是英明的领导，而要做到这一点，平时就必须对自己多加锻炼，慢慢

培养自己处理问题的能力。

汉朝时，霍光受命托孤后，忠心耿耿地辅佐汉昭帝，把国家大事处理得井井有条，因此威望日益增高。但是霍光为人耿直，做事不讲情面，因此而得罪了另两位大臣和盖长公主等人。这些人本来就嫉恨霍光，这时因为自己的私欲没有得到满足，更是恨透了他。正好当时汉王刘旦因为自己没有做成皇帝，也对霍光极为不满，上官桀等人就和刘旦勾结起来，设法除掉霍光。

汉昭帝14岁那年，上官桀等趁着朝廷让霍光休假的机会，伪造了一封刘旦的书信，派人冒充刘旦的使者，把信送到了汉昭帝手里。汉昭帝接到信一看，上面说："大将军霍光出去检阅御林军，擅自摆上皇上专用的仪仗，吃皇上才能享用的饭菜，不守法度，耀武扬威。他还不经皇上批准，擅自往大将军府增调武官，这简直是独断专行，没把皇上放在眼里！我担心他有阴谋，对皇上不利。我愿辞去王位，到宫里保卫皇上，提防奸臣作乱。"信送出之后，上官桀、桑弘羊等人只等汉昭帝一声令下，就把霍光逮起来。然而，信到昭帝手中，如石沉大海一般没有动静。

休完假之后，霍光去上朝，听说了这件事，就在偏殿中等候发落。

汉昭帝上朝后，巡视众臣，不见霍光，就问道："大将军在哪儿？"上官桀回答："大将军因为被燕王告发，所以不敢进来。"霍光进去，自己摘掉帽子，跪下磕头请罪。汉昭帝说："大将军只管戴上帽子。我知道那封信是假的，你没有罪。"霍光问："皇上怎么知道的？"汉昭帝说："大将军检阅御林军就是最近的事，增调校尉到现在也不到10天，燕王远在北方，他怎能这么快就知道？再说，将军如果要作乱，也不必依靠校尉

呀。"上官桀等人和文武百官听了都大吃一惊，觉得这小皇帝年纪不大，却真不简单呢。汉昭帝又说："这事只问送信人就可以弄明白，不过要是其中有鬼，他肯定逃跑了。"左右侍卫连忙去找送信人，果然不见踪影。汉昭帝马上下令捉拿，还连连催问捉到了没有。上官桀等人列于朝中两股战战，无法挪步，劝汉昭帝："这小事一桩，皇上就不必追究了。"汉昭帝说："这事还小吗？"从此他对霍光更加信任。

上官桀他们又在汉昭帝面前屡进谗言说霍光的坏话，汉昭帝十分生气，说："大将军是位忠臣，先帝嘱咐他辅佐我，谁敢再诬蔑大将军，我就办谁的罪！"上官桀他们看这法子行不通，就商量着让盖长公主出面请霍光喝酒，埋伏下士兵把霍光杀了，然后废了汉昭帝，立燕王刘旦为帝。这阴谋还没来得及施行，就被汉昭帝和霍光发觉了。上官桀等人全被斩首示众，以儆效尤，燕王刘旦和盖长公主也只好自杀了。

一个优秀的领导者管理机构，需要耳聪目明，掌握属下的本质，知其贤良，不听信小人谗言，方能依其才干委以重任，方能治理好这个机构。

第二十五章

傲 礼

——反其道而行成就更大

统筹全局

> **原典**
>
> 昔侯嬴为大梁夷门监，魏公子闻之，乃置酒大会宾客，坐定，公子从车骑，虚左，自迎夷门侯生。侯生引公子过市，及至家，以为上客。侯生谓公子曰："今日嬴之为公子亦足矣。嬴乃夷门抱关者也，而公子亲枉车骑。稠人广众之中，不宜有所过，今公子故过之。然嬴欲就公子之名，故久立公子车骑市中，以观公子，公子愈恭。市人皆以嬴为小人，而以公子为长者，能下士也。"

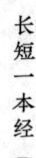

译文

从前,侯嬴做大梁夷门的看守小吏,魏公子听说了他的大名以后,便设宴大会宾客。等宾客坐定后,魏公子率领车马,把左边的位子空出来,亲往夷门迎请侯嬴。侯生引导魏公子的车马从繁华的街市通过,驶向魏公子府。魏公子待侯嬴为上客。侯生对魏公子说:"今天我的作为已经够难为公子的了。我侯嬴只是一个城门的看守小吏,而公子枉驾亲往迎接,稠人广众之中,本不宜通过,公子却有意从那里通过。然而我侯嬴也想成就公子的美名,故意让公子的车骑停在市中久等,以观察公子的态度。公子愈是恭敬,市人都认为我侯嬴是小人,而认为公子您有长者之风,能够礼贤下士。"

智慧解析

一时的成败荣辱并不重要,重要的是最后的胜利。中国人不是常说"笑到最后的人才是最后的赢家"吗?所以切不可争一时之气,要从全局出发,适当低头,备足后劲才是最重要的。

齐威王有空喜欢和王族诸公子骑射赌博。田忌马力不行,连连赌输。当时孙膑刚从魏国逃到齐国,客居田忌家中,有一天,田忌带他到赛马场观看。孙膑看完后,便告诉他说,如果明天再赛,准让他取胜,田忌很高兴,却怎么也想不通孙膑能靠什么方法让他赢。

孙膑见田忌的马力和威王的马力相差不远,但田忌连赛3场都输了,这时候孙膑对田忌说:"齐国的良马都在威王马厩里,您想与他挨次决胜

当然困难。但马赛3场，有上中下之别。如果您以下马对他的上马，以上马对他的中马，以中马对他的下马，一败两胜，还是您胜。"田忌大喜，照计而行，果然赌胜千金。田忌向齐威王进奏说都是孙膑教的方法。齐威王感叹说："从这件小事上就足见先生智谋非凡啊！"

齐威王早就从田忌那里听说过，孙膑精通兵法，有智有谋，是个难得的人才。不过，齐威王还没亲自领教过。他很想找个机会试一试孙膑的智谋。

有一天，齐威王由田忌和其他几个大臣陪着，与著名谋略家孙膑一起来到一个山脚下。齐威王对周围的人说："你们谁有办法让我自己走过这座小山顶上去。"

面对齐威王提出的这个古怪的问题，大家面面相觑。过了一会，田忌说："现在正值秋季，叶落草黄，在周围点起一把火，陛下就得往山上走。"

齐威王听了田忌的话说："你这种用火攻的办法太笨了。"

另一个大臣说用水淹，齐威王摇摇头，没吭声，显然，齐威王对这两种方法都不满意。

"要引外国军队打进来，包围起这座山，不怕陛下不上去。"一个大臣心里这样想，不过没敢说出口。大家想来想去，都说实在没有什么办法能让他自己走上山。

大家都默默地站在那里，谁也不吭声。这时，齐威王问一直沉默不语的孙膑："你有什么办法能让我走上山吗？"

孙膑在齐王提问后十分为难地说："我没有办法让你自己从山脚走到

山顶上去。可是，你要是在山顶上，我倒有办法让你自己走下来。""真的？"齐威王疑惑地说。"陛下若不信，您可以试一试。"孙膑认真地说。

于是，齐威王由田忌和大臣们簇拥着往山顶上走去。一边往上走，齐威王一边琢磨："孙膑能用什么办法让我自愿走下来呢？"大家也都边走边想："孙膑能用什么妙法呢？"

不知不觉地，一行人已经走到了山顶上，孙膑谦虚地对齐威王说："陛下，请饶恕我的冒昧，我已经让您自己走到山顶上来了。"这时人们才明白过来，中了孙膑的上山之计了。

具有大智大谋的军事战略家都是在行军打仗时靠计谋打败敌人的，这两则例子都是说孙膑如何出谋划策的，第一例孙膑是从一个战略的高度去看待事物，不计较一场比赛的胜负，而是从全局上打败对手。第二例孙膑是通过逆向思维，让别人在不知不觉中已经中计了，这些计谋都是一个优秀的军事家应具备的素质，在实践中也要靠智慧来取胜。

逆向行事

原典

张释之在廷中，三公九卿尽会立，王生老人曰："吾袜解。"顾谓张廷尉："为我结袜。"人或谓王生曰："独奈何廷辱张廷尉？"王

> 生曰："吾老且贱，自度终无益于张廷尉。张廷尉方今天下名臣，吾故聊廷使跪结袜，欲以重之。"诸公闻之，贤王生而重廷尉。
>
> 由是观之，以傲为礼，可以重人矣。

译文

张释之上朝，三公九卿都会立朝中。王生老人说："我的袜带子开了。"回过头来向张廷尉说："你替我把袜带子系好。"有人事后向王生说："为什么在朝中当着三公九卿的面侮辱张廷尉？"王生回答说："我年纪大了，而且地位卑贱，自料最终也难以对张廷尉提供什么帮助。张廷尉现在是天下名臣，我有意小小羞辱一下张廷尉，使他跪着为我系袜带，目的在于通过这件事，让人们更加敬重张廷尉。"公卿听说这件事后，都称赞王生贤明，同时更加敬重张廷尉。

由此看来，以傲为礼可以让人的威望更高。

智慧解析

在处理事务的过程中，领导难免会碰到一些棘手的问题，如果你的观点或做法触怒了某些人时，可能会遭到他们气势汹汹的责难，这时，千万不要针锋相对地和他们讲道理，这样只能使事情越说越乱，越闹越大。相反，运用降温法，借机阐明自己的道理，又能树立起自己从容、大度的形象，对这一点，领导不可不学。

领导者要想澄清事实、改变上级的成见，不能用硬辩争论的说话方

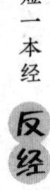

式，那样的话只能碰个头破血流。善于说服的人总是先顺其意，于时机成熟时再亮出自己的真实主张，这样以顺着别人思路的方式入手，达到把他引导至自己的思路上的目的。

战国时陈轸由楚入秦以后，张仪对秦王说："陈轸既为秦国之臣，但却经常把秦国的情报传给楚国，我不能和这样的人同朝共事。请大王将其逐出秦国；如果他还要回到楚国，就干脆把他杀掉！"秦王说："陈轸怎敢再去楚国？"

于是秦王便召来陈轸，对他说道："我是信任你的，你想到哪里去，我好给你准备车辆。"陈轸说："我想到楚国去。"秦王又说："张仪认为你肯定会去楚国，我也知道你将要入楚。但你是否认为除过楚国以外就没有更安全的去处了吗？"陈轸说："为臣出行，必定要去楚。正如大王和张仪所估计的那样。要说明为臣为何要去楚国，我想给大王讲述下面一则故事。有位楚国人有两个妻子，另有一人很喜欢年龄大点的那位妻子，但却遭到了这位妻子的一顿辱骂。但当他逗引年龄小点的那位妻子时，这位妻子竟答应了挑逗者的要求。不久，两位妻子的丈夫死了，有人向这位挑逗者问道：'要让你挑选的话，你是要这位年长的妻子，还是要那位年少的呢？'此人答道：'要年长的。'有人又问：'年长的辱骂过你，年少的答应了你的要求，你为何还要挑选年长的？'此人答道：'当她是别人的妻子时，我就希望她能答应我的要求；如今要成为我的妻子，我就希望她能对挑逗者严厉辱骂。'如今楚王是一位英明之主，而昭阳也是一位贤能之相。我身为秦国大臣，却常常把秦的情报传给楚国，楚王将来必定不会收留为臣，昭阳将来也绝对不肯和臣共事。这样说来，为

臣去不去楚国，不是再明白不过了吗？"秦王觉得陈轸这番话讲得有理，所以后来他便善待陈轸。

面对别人的诬陷，一味表白自己未必能起到什么作用，反倒可能引起别人更大的疑心。陈轸采取"顺坡下驴"的说话技巧——你说我是黑的，我就先承认自己是黑，对方在好奇心的驱使下必然静听理由，这时再说明自己外黑内白的真相，他才会听得进去并相信你。

上司作为一个特定的群体，有些说话的忌讳也是有规律的，平常与上司打交道时多留心，才能最大限度地把握好在上司面前说话的分寸。

由此可见，当双方处于尖锐的对抗状态时，得理者的忍让态度，能使对立情绪"降温"。这一种逆向行事法，所得到的成果远高于正面对抗，能更快更好地达到目的。

第二十六章

道 德

——积恩施德得民心

以德服人稳定军心

原典

勇者为之斗,智者为之忧。视死若归,计不旋踵者,以其恩养素畜,策谋和同也。

译文

勇士肯为君王和将帅冲锋陷阵,充满智慧的人愿意为君王和将帅绞尽脑汁,出谋献策,视死如归,所战必克,计无不成,其原因在于:君王和将帅对人民和战士素有恩德,上下团结一致,同心同德。

智慧解析

群策群力,共定其谋,严明纪律,体恤下情,管理者若能如此,团队必能欣欣向荣。

岳飞善于以少胜多,曾经以800人击败曹成10余万人于桂岭,以8000人击败群盗王善等50万人于南薰门。他与金兀术在颍昌作战,只用了800背嵬军士,在朱仙镇战役中只用了500亲兵,两次都打败10余万金兵。

每有军事行动,岳飞都召集所有统制一起商议,定下计策后再行动,所以有战无败。即使猝然遇敌,岳家军也能兀然不动,金兵曾有言:"撼山易,撼岳家军难。"岳飞统帅军队,既严厉又宽仁。士卒中有拿了老百姓一缕麻来捆马草的,立即斩首示众。士卒夜宿,老百姓自愿打开门,让他们进屋住,也没有敢入民宅的。军中有号令:"冻死不拆屋,饿死不掳掠。"士卒有病,岳飞亲自为他们调药。众将远征,就派妻子慰劳他们的家属。凡是有将士牺牲的,岳飞都为之痛哭,并养育他们的遗孤。凡是朝廷有颁赏,总是分给军中众官员,不私吞秋毫,每有功劳,必然归之于将士。

岳家军纪律严明,军队强大,全在于岳飞将军领导有方。身为一军统帅,治理军队可用军法,但未必能让将士从心里服从。只有以德服人,才能真正抓住人心。将士心服口服之后,必然能令行禁止。

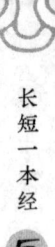

施恩布惠留才爱才

原典

故曰：畜恩不倦，以一取万。语曰：积恩不已，天下可使。此道德之略也。

译文

所以说，平时对人民和战士施恩不倦，战时就能够以一胜万。俗语说："不停地积恩施德，天下的人民就能为我所使。"这就是道德的战略作用。

智慧解析

作为管理者，身边没有一两个忠士是不行的，所以，采用各种方法来获得他人的忠诚，是领导人必须学会运用的策略。

秦穆公很注意施恩布惠，收买民心。一次，他的一匹千里良驹跑掉了，结果被不知情的穷百姓逮住后美餐了一顿。官吏得知后，大惊失色，把吃了马肉的300人都抓起来，准备处以极刑。

秦穆公听到禀报后却说："君子不能为了牲畜而害人，算了，不要惩罚他们了，放他们走吧。而且，我听说过这么回事，吃过好马的肉却不喝点酒，是暴殄天物而不加补偿，对身体大有坏处。这样吧，再赐他们

些酒，让他们走。"过了些年，晋国大举入侵，秦穆公率军抵抗，这时有 300 勇士主动请缨，原来正是那群被秦穆公放掉的百姓。这 300 人为了报恩，奋勇杀敌，不但救了秦穆公，而且还帮助秦穆公捉住了晋惠公，大获全胜而归。

　　秦穆公不过是施了些小恩小惠，就使那些百姓为了报恩而不顾性命，奋勇杀敌，这实在是一种大智慧。小恩小惠易施，真心部下难求，只要施些小恩小惠就能得到真心卖命的部属，这绝对是一笔好买卖。

第二十七章

禁 令

——胜者禁令必明

当严必严

> **原典**
>
> 斩断之后,万事乃理。所以乡人盗笠,吕蒙先涕而后斩。马逸犯麦,曹公割发而自刑。

> **译文**
>
> 只有果断斩处违反禁令的人,才能把军中治理得井井有条。所以,三国时的将军吕蒙,自己的乡人偷了百姓一顶草笠,吕蒙挥泪斩了他;曹操因自己的坐骑受惊践踏了庄稼,而割发受刑。

智慧解析

严肃产生威风。人一当官,不苟言笑,满脸的肃杀之气,动不动吹胡子瞪眼睛,骂人训斥人,人们就害怕他。这种官,一上任烧三把火就容易有威。如果用这种办法还是镇不下来,那就要付诸行动了,这就是"杀鸡给猴看",杀一儆百,威风就上来了。

三国时,东吴的黄盖曾经做过石城县县官。石城县的下属官吏们特别难指挥。黄盖就安排两个人当主管,分别管理各部门事务,并告诉他们说:"我这个只靠打仗立功才当官的,不是以文官身份擅长管理出名。现在外来侵犯的敌人还没打败,我负有领兵打仗的繁重军务,县里一切公文案卷委托给你两人。你们应当管理好各部门,纠正和处分犯错误的人。你们各负其责,遇事就按我交代的办,如果你们刁奸欺骗,我绝不用鞭子抽打你们,而要从严处置。希望你们都尽心尽力,做好工作,不要在众人之先受处分。"

话说得这么严厉,两人听了,起初都感到害怕,起早睡晚勤勤恳恳地办公事。时间长了,两主管认为黄盖根本不看公文案卷,就慢慢营私舞弊起来,对下面也放任自流。

这时黄盖也察觉到了,他抓住了几件两位主管都不奉公守法之事,把全县所属的官吏们请来,先给大家办酒席吃喝,正当大家吃到兴头上,黄盖把两个主管叫来,提出一件一件违法徇私的事来问他们。两人张口结舌,说不出话来,磕头请罪。黄盖说:"前些时候,我已经严肃地告诉你们,绝不会用鞭子抽打你们,这不是说假话骗你们。"于是就把两人的

头砍了。

这事震惊了全县，下属官吏们吓得浑身打战。黄盖这一杀，威严就上来了。

温柔政策会让人舒服，领导与下属较易亲近，但这也易造成下属的狂妄，所以当严时必须严，对下属产生震慑，才能让下属敬畏，你所下达的命令他们才会信服、遵守。

杀一儆百

原典

孙子曰："法令孰行，赏罚孰明，吾以此知胜。"

译文

孙子说："哪一方的法令能够得到实施，哪一方的赏罚严明，我据此即可判断双方的胜负。"

智慧解析

治军之道在于严明军纪，而军纪之严明又在于将帅的威信，我国古

第二十七章 禁令——胜者禁令必明

代齐将司马穰苴敢斩监军便是严于治军的一则佳话。

我国春秋时代,齐国景公主政的时候,晋国和燕国同时来犯,齐国吃了败仗,形势很紧张。这个时候,大臣晏婴向齐景公举荐司马穰苴,说他是位将才,可以担当救亡重任。景公经过面试,欣然采纳。

司马穰苴向齐景公提出一个请求。他说:"君主把我从军队的底层提拔上来,授以帅印,委以重任,我十分感激。但我出身微贱,官兵不一定服从,百姓不一定信我。请您派一位您宠爱的大臣,来当我的监军。"景公答应了他的请求,派庄贾去当监军。司马穰苴表示欢迎,和庄贾约定第二天中午在军门相会。

约定的时间到了,庄贾没有来。原来这家伙被君主娇宠惯了,根本没有把这约定当回事。亲朋好友为他送行,喝得他把时间也忘了。等到他想起来,赶到军营,已经是傍晚时分。这是严重违反军纪的事,但他是齐王的宠臣,怎么办呢?

司马穰苴问明迟到原因之后,愤怒地指责庄贾:"当将领的从受命之日起,就应该把自个的家抛在一边;要约束军队,就应该不顾亲情;当掌握擂鼓指挥的大权时,就应该忘我。现在敌国长驱入侵,百姓受害,君主寝不安席,食不甘味,把重任委托于你我,你却如此玩忽职守,实在太不应该!"说到这里,他问执掌军法的,像庄贾这样误期的该怎么处罚?回答是"当斩"!

这一下庄贾才知道坏事了,赶紧派人去请齐景公出面说情。司马穰苴知道君主可能出面说情,就下令将庄贾立即推出去斩首。这一下,军中上下无不震惊。

一会儿,齐景公的使者持特赦令,驱马闯进军营,看到庄贾已人头落地,惊呆了。更使他胆战的事还在后头。司马穰苴问执掌军法的:"军营不许骑马狂奔,现在使者却胆敢这么干,该怎么办?"回答也是"当斩"。使者害怕极了。司马穰苴说,看你是君主的使者可免一死,但要杀你的仆从,以示警诫。遂即传命执行。

　　正因为司马穰苴敢从大人物身上开刀,执行军法,因此谁也不敢不听从他的指挥,使他能令行禁止,适意调度,很快便打退了晋燕两国的进攻。

　　将军以何服众?一曰谋略,二曰勇武,三曰威信,要有这三点,三军将士才能心服口服,因此治军带兵就要树立这种形象,又机智、又严肃,不然就要败坏军纪、降低战斗力。

第二十八章

料 敌

——料敌把握制胜先机

料敌于先,取得主动权

原典

敌来新到,行阵未定,可击也;阵虽定,人马未食,可击也;涉长道,后行未息,可击也。

译文

敌人刚刚来到战场,还未来得及安营布阵,这时可以向它发起攻击;敌人的阵营虽然布设完毕,但人马还未来得及进食,可以向它发起攻击;敌人长途跋涉后尚未得到休息,可以向他们发起攻击。

智慧解析

只有抓住战机,才能掌握主动权,事先做准备,机遇来了才好抓住,从而成功。

公元 215 年,曹操亲自领兵去讨伐张鲁。临行前他交给护军薛悌一道密封的旨令,说道:"如果孙权派兵来攻打合肥,那时候你再把它启封,照我上头写的去办!"

曹操走后不久,果然东吴大军向合肥而来。薛悌当着合肥的守将张辽等人的面,把曹操的密旨启封,原来上面指示:如果孙权来的时候,命令张辽、李典二将立即率兵去抵挡,由乐进和薛悌一起守城。张辽等人立即照令行事。此时东吴大军还没有形成对合肥的包围圈,张辽率领 800 勇士冲入敌阵,连杀东吴二将,吓破敌胆。孙权本以为曹操出征,合肥空虚,没想到大将张辽在此,武艺这般高强,自己远道而来,未经安营扎寨,便遭此冲击,而且这么不堪一击,急忙下令退到一个山包。张辽几次冲杀,从晨至午,杀得吴军不敢对抗,他便率兵返回合肥城中。这一仗挫了东吴的锐气,长了合肥军民的斗志,使孙权包围了合肥 10 多天也拿不下来,只好下令撤军。

正是曹操早就料到了敌人的行动,所以留下战略,大军才能先机,取得胜利。

拖垮敌军

原典

凡见此者，击之而勿疑。然兵者，诡道也。能而示之不能，用而示之不用。故匈奴示弱，汉祖有平城之围；石勒藏锋，王浚有幽州之陷。即其效也，不可慎哉！

译文

凡见到以上情况，可以向敌人发起攻击，不要迟疑。然而，还应注意，用兵打仗，常常使用诡诈欺骗的手段，本来能打却装作不能打，要打却装作不打。匈奴向汉朝示弱，汉高祖上当，被围困在平城；石勒隐蔽锋锐，晋将王浚因此而丢掉了幽州。这些就是诡诈用兵的证明。所以用兵打仗不谨慎细心能行吗？

智慧解析

不同的敌人，会有不同的实力，同一个敌人在不同时期也会有实力上的变化，行军布阵不能一概而论，应该随敌情之变而变，选择最佳时机和敌人开战，争取以最少的损失换取最大的战功。

三国时，司马懿讨伐公孙渊，在襄平包围了他，当时正值雨涝，发洪水，公孙渊的军队照样出来放牧砍樵。司马懿却下令不许攻击，只是

静待时机。有人不知其意,问司马懿:"过去打孟达,八军齐进,昼夜兼行,结果大获全胜;今日面对如此良机,为何又行动迟缓,延误时机呢?"司马懿说我自有妙计。

原来司马懿的计谋是:现在公孙渊兵多粮少,故而在雨天还派兵出来放牧砍樵,而我军则粮草充足,只需把他稳住,让他不战自败,而如果我们现在就强攻,反而招致敌人的殊死反抗,我军伤亡必大,虽胜犹败。

不久,雨水退了,公孙渊粮尽士疲,司马懿一举打败公孙渊,占领了襄平。

只要能胜利,过程有时并不重要。经商和作战一样,为了避免伤亡,应尽量选用有利于自己的作战方法,哪怕是用些狡诈的方法。

第二十九章

攻　心

——作战的上上之策

对小人物巧施攻心术

原典

孙子曰:"攻心为上,攻城为下。"

译文

孙子说:"攻心为上,攻城为下。"

智慧解析

有这样一个精彩的故事,说的是一个小偷做出了安邦定国的伟业。

战国时，齐国兴兵打楚国，楚国的令尹子发率兵抵御，交战3次，3次皆败，眼见就要竖白旗投降了。楚国用了很多计谋都没有办法，齐军始终未受影响，反而声势愈强，子发正在无计可施、无路可行的时候，有个位小偷求见统帅，说："我会偷窃，到时候愿去敌营试一试，说不定会扭转局势哩。"子发于无可奈何的时候，姑且派他去活动一下。

这小偷便偷偷摸摸去了敌营，偷了齐将的帐子回来交给子发，子发使人公开地还给齐将。第二晚，小偷又偷回齐将的枕头，又送还了。第三晚，小偷又偷到了齐将头上的发插，子发复使人奉还。齐将此时大惊了，这样下去，岂不要连头都被偷去了？于是急切下令班师回朝，楚国才转危为安。

在国家危难之际，能巧妙地借用小偷之术转危为安不乏是一种出人预料的高明之举，在此，"偷"并非目的，目的是给齐国军队的首领一种警告，从心理上给对方造成压力，从而达到让其撤军的目的。

单人震万敌

> **原典**
>
> 战国时有说齐王曰："凡伐国之道，攻心为上，攻城为下。心胜为上，兵胜为下。是故圣人之伐国、攻敌也，务在先服其心。"

译文

战国时有人向齐王说:"讨伐敌国的原则,以攻心为上策,攻城为下策。以战胜敌人的心理为上策,以战胜敌人的军队为下策。因此,圣人征伐敌国,进攻敌人,首先的目的是要征服人心。"

智慧解析

心理威慑力远大于言行。现在的商场少了金戈铁马的交鸣,更多的是打起了心理战,从心理上抓住顾客、威慑敌人,从而巩固自己的商业地位。

韩世忠是南宋时代与岳飞齐名的抗金英雄。有一次他奉命率所部人马前去征讨叛将李复。当时叛军人马有几万,而韩世忠所部不过一千,面对敌众我寡的形势,韩世忠依然镇定从容,当部队追击至临淄河时,韩世忠把队伍分成四队,并布设铁蒺藜自堵归路,通告全军:进则胜,退则死,逃命者后队剿杀。于是全军将士拼命冲杀,勇往直前,义无反顾,终于大破叛军,李复也被杀于乱军之中。韩世忠乘胜率军追至宿迁。

这时叛军尚存万人,正在饮酒作乐,韩世忠感到以千敌万,取胜的把握不大,于是决定从心理上震撼敌人,然而要在万人面前使用心理战术却非易事,必须出奇制胜才行,韩世忠是怎样出奇制胜的呢?

韩世忠匹马一人于夜里突然来到叛军营内,呼喊道:"大军已到,你们可速收兵卸甲,我可以保全你们的生命!"叛军大惧,向韩世忠跪下敬酒，韩世忠从容地下马解鞍，吃完酒肉。叛军看到韩世忠从容的气度，全部请求投降。

这是一种心理战术，利用敌人的松懈，在气势上压住敌人，可以兵不血刃地击垮敌人。

第三十章

格 形

——攻其所爱，转移其力

攻其必救

原典

孙子曰："安能动之。"又曰："攻其所必趋。"

译文

孙子说："敌人驻扎安稳，我能设法调动它。"又说："攻打敌人必定赴救的地方，以调动敌人。"

智慧解析

遇到困难时,可以借攻击其他方面,转移对方的力量,从而使问题简单化,进而再逐步解决,几乎可以不费力就可以成功。

公元 200 年,袁绍派兵围攻白马,直引军至黎阳,将渡黄河南下,进攻曹操,历史上有名的官渡之战拉开了序幕。在这场战役中,曹操以少于袁绍十几倍的兵力却出人意料地战胜了袁绍,其间用计奇巧,波澜起伏,引人遐思。

开始袁绍派人攻打白马,本欲发散曹操兵力,以各个击破。曹操本来也想先解白马之围,谋士荀攸却另有他计。

荀攸献计说:"我军兵少,不可力战。只能设法分散袁绍的兵力,才能以少取胜。您可以引兵到延津,作出要渡河袭击敌人背后的样子,待袁绍引兵应对时,您可以用轻兵突袭白马,出其不意,攻其不备。"曹操听从了荀攸的计策,袁绍果然中计,曹操以很少的代价解了白马之围。官渡之战曹操旗开得胜。

然而,形势依旧是袁绍兵多粮足,曹操的兵力相比很少,死守白马显然是死路一条,袁绍不会让曹操有机会和他对峙的,在这一形势之下,曹操应该怎么办呢?

曹操冷静地分析形势后,主动放弃了白马,引军沿黄河西上。袁绍渡河追赶。到延津地区,曹操突然驻扎下来。等袁绍追兵愈来愈多,曹操命部下把辎重物资置于大道中间,袁绍军队以贪财好利闻名,看到物资,自相抢夺起来,不战自乱。曹操遂命 600 名骑兵出击,大破袁军。

曹操抓住袁军的弱点，促成了两场战斗的胜利。

两战胜利后，曹操进军官渡，袁绍进军阳武，相互对峙起来。曹军毕竟势小力弱，士兵们有些怯战。曹操致书荀彧问计，荀彧给曹操指明了道路。

荀彧说："袁绍兵力全部汇集官渡，与您决战。如果您不战而逃，袁绍必定尾随追杀，那时的损失可想而知。"曹操认为他的看法正确，决计和袁绍打下去。时值袁绍手下的一个谋臣许攸不满袁绍吝啬，愿意归降曹操，并给曹操出了一条抢夺袁绍军粮的计谋，曹操冒险一试，带军攻打护粮官淳于琼的大营，在袁军救兵来到之前攻下此营。高览等人得知大营已被攻破，率军来降。袁绍领残兵败将渡河而去。官渡之战，改变了袁绍与曹操的力量对比，曹军终于成为中原一带势力最大的军队。

这是一出良谋迭出的好戏！曹操始终没有和袁绍硬碰硬地打，而是处处设计，因为面对兵力胜出自己十几倍的敌人，曹操和他对峙只会遭到毁灭性打击。于是他针对形势的变化，抓住敌人的软肋，奋力一击，终于取得了官渡之战的胜利。

攻魏救赵

原典

初,关侯围樊襄阳,曹操以汉帝在许,近贼,欲徙都。司马宣王及蒋济说曹操曰:"刘备孙权外亲内疏,关侯得志,权必不愿也。可遣人劝蹑其后,许割江南以封权,则樊围自解。"曹操从之,侯遂见擒。此言攻其所爱则动矣。是以善战者,无知名,无勇功。不争白刃之前,不备已失之后。此之谓矣。

译文

当初,关羽率兵围樊阳和襄阳,曹操认为汉帝在许都,距离关羽很近,想迁都。司马宣王和蒋济对曹操说:"刘备、孙权表面亲善,内心疏远。关羽如得志,是孙权肯定不愿看到的。可派人劝孙权抄关羽的后路,并许诺割江南之地分封给孙权,这样樊襄之围就能自然而解。"曹操采纳了这一建议。果然关羽失了荆州,并被吴军生擒。这讲的是攻敌所爱就能调动敌人。因此,善于用兵打仗的人没有聪智的名声,没有攻城略地的战功,不在刀光剑影的沙场冒险拼杀,也不在失误之后再做准备,讲的也正是这样的道理。

智慧解析

在现代商战中,企业家应该懂得如何借机削弱竞争对手的势力,然后凭借自己的优势迫使对手屈服,从而达到不战而胜的目的。在这方面,古人的智慧和谋略有时会给我们以很大的启迪作用。

战国时期,魏国经过改革后,国力日渐强盛,成为当时最强大的国家之一。于是,魏国将国都从安邑迁到大梁,不断地向外扩张,与赵、齐等国发生了尖锐的矛盾冲突。

公元前354年,赵国向依附于魏国的卫国发动进攻,迫使卫国屈服称臣。魏国以此为借口,出兵包围了赵国国都邯郸。赵与齐是盟国,眼看邯郸形势危急,赵国急忙派使者向齐国求援。

齐王召集大臣商议救赵事宜。齐将段干朋分析利弊,他指出,从当前的战略形势考虑,如果把军队直接开往邯郸去救赵,不但会造成将士伤亡,而且赵国既不会受到损失,魏军也没有消耗实力,这对齐国的长远利益不利。如何才能既削弱两国,又信守盟约呢?

段干朋主张实施使魏与赵相互削弱,然后趁魏军疲惫之时再出兵攻击的战略方针。具体地说,就是先派一部分兵力南攻襄陵,以牵制魏军,待魏军攻打邯郸疲惫不堪后,再予以正面的攻击。他的这一谋略,显然有一石三鸟的用意:其一,南攻襄陵,可使魏国陷于两面作战的困境;其二,向赵国表示援助的姿态,信守盟约,保持两国的友好关系,以坚定赵国抗击魏国的决心;其三,让魏、赵继续互相残杀,最后造成赵国受到重创、魏国实力削弱的结果,从而为齐国战胜魏国和以后称霸中原

准备有利条件。

　　齐王采纳了段干朋的建议，以少量兵力联合宋、卫南攻襄陵，主力则按兵不动，静观势态发展，准备伺机出动。魏军攻打邯郸一年之后，赵、魏两国均已疲惫之极，齐王认为出兵的时机已经成熟，于是就命令田忌为主将，孙膑为军师，统率大军救援赵国。

　　田忌打算率军直奔邯郸，与魏军主力交战。孙膑不同意这种硬碰硬的打法，提出了"批亢捣虚，疾走大梁"的正确策略。他说："要解开乱成一团的丝线，不能用手硬拉硬扯；要和解别人打架，自己不能直接参加进去打。派兵解围的道理也是这样，不能以硬碰硬，而应该采取'批亢捣虚'的办法，就是撇开强敌，攻击弱点，避实击虚，冲其要害，使敌人感到形势不利，出现后顾之忧，包围自然就会解开了。现在魏、赵多年交战，魏军的精锐部队都在赵国，留在自己国内的是一些老弱残兵，您应该迅速向魏国的都城大梁进军，切断魏军的后路，攻击它防备空虚的地方，这样一来，魏军必然被迫回师自救，我们可以一举而解赵国之围，同时又能使魏军疲于回师，便于我们击败它。"

　　田忌采取了孙膑的建议，统率大军进逼魏都大梁。大梁危急的消息传来，魏军不得不以少数兵力控制历尽艰辛刚攻下的邯郸，而以主力回救大梁。这时，齐军已在桂陵等候多时，设下了埋伏圈。魏军由于长期攻赵，兵力消耗很大，加上长途急行军回师大梁，士兵疲惫不堪，面对占有地利、休整良好、士气旺盛的齐军的攻击，完全陷入了被动挨打的困境，终于遭到惨重的失败，刚占领的邯郸等地，也全都被赵军收复了。

第三十章 格形——攻其所爱，转移其力

齐王由于善于听取大臣们的意见，正确地采用了不与魏军主力正面作战的策略，掌握了战争的主动权。后来孙膑又用"批亢捣虚"的战术，调魏军匆忙回师救大梁，战争的胜利基本上已成定局，桂陵之战不过是把这种必然性转变为现实而已。所以，我们可以说，齐国对魏国是不战而胜的。

第三十一章

变 通
——决策须随机应变

将计就计

> **原典**
>
> 孙子曰:"善动敌者,形之,敌必从之。"

> **译文**
>
> 孙子说:"善于调动敌人的将领,用假象去欺骗敌人,敌人就会听从调动。"

智慧解析

根据具体情况随机应变,需要时时设置假象来迷惑敌人,可使敌人麻痹大意,从而为自己创造胜利的机会。

三国时,周瑜设计杀了蔡张二人后,曹操后悔不迭,除了厚葬蔡张,优抚眷属之外,也寻思用计报复:他派了蔡瑁的弟弟蔡和、蔡中,让他俩过江投吴,说是为兄报仇,实是在东吴埋下两颗钉子。

这个诈降计没有瞒过周瑜,他收下蔡氏兄弟,将计就计。这时,周瑜已经琢磨到要战胜曹军必用火攻。但如何使火攻计划能实施得了?

他苦思不得其解。正在这时的一天深夜,老将黄盖求见。

"老将军这么晚来,一定有好主意教我。"

"是的,我想要打败曹军,可以用火攻,烧他们的战船。"

"您和我想到一块儿去了。我之所以留下蔡氏兄弟这两个假降人,就是想让他们传递假情报,可现在就缺一个去曹营传递假情报的人。"

"我愿意去。"

"您要是不受皮肉之苦,曹操怎么相信您呢?"

"老夫受主君孙权家的厚待,即便牺牲性命,也死而无悔。"

周瑜深受感动,立即向他致谢。

第二天,他俩在军中就演了一出戏:黄盖违抗军法,周瑜怒而要处死他,经大伙相劝,黄盖被打五十大板,被打得皮开肉绽。

于是,蔡中、蔡和以为有机可趁,便暗中策反黄盖降曹,尔后又通过阚泽,把黄盖受辱、决心降曹的书信送给曹操,使曹操信以为真。后

来，周瑜又通过庞统向曹操进连环计，用铁链把战船连起来。当一步步引曹操钻入他所设的圈套之后，便派黄盖驾舟向曹营水军驶去，当接近曹船，便引燃舟中干柴烈火抛向曹船，演出轰轰烈烈的火烧赤壁的历史活剧来。

兵法三十六计的第三十四计就是苦肉计，说的是，一般来说人不自害，如果受伤害，那必然是真的。使用苦肉计就是利用人们这种心理，以假乱真，欺骗敌人，周瑜黄盖合演的苦肉计，使见识过人的枭雄曹操也大上其当，可见善用苦肉计可以收到异乎寻常的效果。

欲取先予使敌懈怠

原典

故曰：料敌在心，察机在目，因形而作，胜于众，善之善者矣。

译文

料算分析敌情靠心，侦知观察决定军事形势的关键和枢纽要靠眼睛，根据具体的战场形势随机应变，这才是上上之策。

智慧解析

故将欲取之必先予之,示敌人以好,乘其放松警惕,没有防备时再下手,更加容易得手。

石勒是汉王刘渊麾下的大将,在西晋末年纷起的武装纷争中,他不同于一般的割据者,是个有抱负有作为的人物,又得到谋士张宾为其运筹帷幄,势力迅速发展起来。刘渊死后,部将王弥趁其子刘聪在山西作战,无暇东顾之机,欲联络曹嶷吞并石勒,但密信被石勒截获。石勒得知了王弥的诡计,欲诛杀王弥,因此便与张宾谋划,设了一计,那就是……

当时正值永嘉五年7月,王弥部将徐邈、高梁因不满王弥的统治,带兵出走,王弥的实力遭到很大削弱。这时石勒在东攻蒙城时,擒获晋将苟晞,授以左司马之职。王弥得知后,大恨,但仍假意地给石勒写信,谦卑地说:"石公新获苟晞而赦免了他,委以司马,真是英明之举,如果苟晞为公之左臂,我王弥为公之右臂,那么天下就可以平定了。"

石勒对张宾说,"王弥身为刘聪的大将军,封齐公,地位尊崇而对我言辞如此卑微,必定有图谋我的野心。"张宾为他谋划说:"王弥有独霸青州之心,之所以不敢去攻打青州,是顾虑明公从背后袭击他。王弥久蓄害公之心,只是没有适当的机会而已。如果现在不除掉王弥,将来一旦与曹嶷合兵,前后夹击,到那时悔不及矣。现在徐邈、高梁已领兵他去,王弥元气大伤,可诱而歼之。"石勒表示赞同。

当时石勒正和流人陈午战于蓬关,王弥和刘瑞激战正酣,王弥向石

勒请兵助战，石勒没有答应。张宾急忙向石勒献计说："明公常恐没有消灭王弥的机会，现在时机已来，岂能失之交臂。陈午不过是一个跳梁小丑，不足为患；王弥却是人杰，必将为我害，当早除之。"石勒依计，率军回击擒斩刘瑞。王弥大喜，以为石勒真心推奉自己，放松了对他的警惕。于是，石勒邀王弥到己吾赴宴，弥不知有诈，不听谋臣劝阻，当即赴会，酒过三巡，王弥喝得昏昏欲睡、烂醉如泥之时，石勒手起刀落，斩王弥于宴席之上，将其部众收编，上书汉主刘聪，称王弥叛乱，已被我诛杀。刘聪看罢上书，勃然大怒，但由于鞭长莫及，也只得好言安抚。

非常情况须采取非常措施。在掌握事情的先机后，要根据具体形势随机应变，采取合适的措施，实行先斩后奏之法，排除危机。

第三十二章

还 师

——读还师知保身之道

把功劳留给上司

> **原典**
>
> 孙子曰:"兴师百万,日费千金。"王子曰:"四人用虚,国家无储。"故曰:运粮百里,无一年之食;二百里,无二年之食;三百里,无三年之食,是谓虚国。国虚则人贫,人贫则上下不相亲。上无以树其恩,下无以活其身,则离叛之心生。此为战,胜而自败。"故虽破敌于外,立功于内,然而战胜者,以丧礼处之。将军缟素,请罪于君。君曰:"兵之所加,无道国也。擒敌致胜,将无咎殃。"乃尊其官,以夺其势。

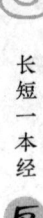

译文

孙子说:"如果出动百万之师,每天耗费价值一千金。"王子说:"四人用虚,国家无储。"所以说,运粮到百里以外的地方供打仗的军队食用,就会造成国家一年无粮食储备,运粮到二百里以外的地方供打仗的军队食用,就会造成国家两年无粮食储备,运粮到三百里以外的地方供打仗的军队食用,就会造成三年无粮食储备。这就叫做使国家虚弱。国家虚弱则人民贫困,人民贫困则造成上下关系不亲密。君王没有可以利用的国家储备来树立自己的恩德,下层百姓没有基本的生活必需品来维持生活,那么就会产生离散叛逆的心理。在这种情况下,即便军队在外打了胜仗,君王的统治也会衰败。虽然在外边打败了敌人,在国内建立了功劳,指挥打了胜仗的将帅还须用丧礼来处置,将军还要穿上丧服向国君请罪。君王说:"我们用兵征讨的是政治败坏的国家,擒敌致胜,做将帅的没有什么过错。"于是对有战功的将军封官加爵,但同时削弱或剥夺了他们的军权。

智慧解析

自以为有功便忘了上司,这种人总是讨人嫌,特别容易招惹上司和君上嫉恨。把自己的功劳予以表白虽说合理,但却不合人情场上的捧场之需,因而是一件很危险的事情。有了功劳,不居功自傲,而将之归于上司,得意欣喜之余,上司必会对你另眼相待。

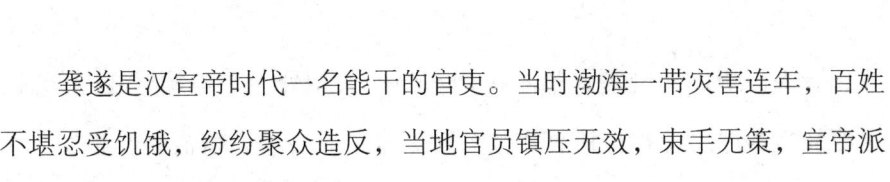

龚遂是汉宣帝时代一名能干的官吏。当时渤海一带灾害连年，百姓不堪忍受饥饿，纷纷聚众造反，当地官员镇压无效，束手无策，宣帝派年已70余岁的龚遂去任渤海太守。

龚遂单车简从到任，安抚百姓，与民休息，鼓励农民垦田种桑，规定农家每人必须种一株榆树，100棵茭白，50棵葱，一畦韭菜，养两头母猪，5只鸡，对于那些心存戒备、依然带剑的人，他劝谕道："干吗不把剑卖了去买头牛？"经过几年治理，渤海一带社会安定，百姓安居乐业，温饱有余，龚遂名声大振。

于是，汉宣帝召他还朝，他有一个属吏王先生，请求随他一同去长安，说："我对你会有好处的！"其他属吏却不同意，说："这个人，一天到晚喝得醉醺醺的，又好说大话，还是别带他去为好！"龚遂说："他想去就让他去吧！"

到了长安后，这位王先生终日还是沉溺在醉乡之中，也不见龚遂。可有一天，当他听说皇帝要召见龚遂时，便对看门人说："去将我的主人叫到我的住处来，我有话要对他说！"一副醉汉狂徒的嘴脸，龚遂也不计较，还真来了。王先生问："天子如果问大人如何治理渤海，大人当如何回答？"龚遂说："我就说任用贤才，使人各尽其能，严格执法，赏罚分明。"王先生连连摆头道："不好！不好！这么说岂不是自夸其功吗？请大人这么回答：'这不是小臣的功劳，而是被天子的神灵威武所感化！'"

龚遂接受了他的建议，按他的话回答了汉宣帝，宣帝果然十分高兴，便将龚遂留在身边，任以显要而又轻闲的官职。

为人应谦虚。谦虚之道不仅用在与外人相处上，与领导在一起时，更要知晓谦虚之理并且认真贯彻。功高盖主只会遭人嫉恨。要想长久保住你目前的地位与权势，甚至想往上爬时，绝对要记住谦虚之道，将功劳让给领导，给领导留下好印象。

安身立命之术

原典

故曰："高鸟死，良弓藏。敌国灭，谋臣亡。"亡者非丧其身，谓沈之于渊。沈之于渊者，谓夺其威，废其权，封之于朝。极人臣之位，以显其功；中州善国，以富其心。仁者之众，可合而不可离；威权之乐，而难卒移。是故还军罢师，存亡之阶。故弱之以位，夺之以国。故霸者之佐，其论驳也。人主深晓此道，则能御臣将；人臣深晓此道，则能全功保首。愿弃此还师之术也。

译文

所以说："翱翔于高空的鸟死了以后，就要把良弓收藏起来；敌国被消灭以后，谋臣就被逼逃亡。"所谓"亡"并不一定是要从肉体上消灭，而是要下沉他们的地位和权势到底层深渊。所谓下沉到底层深渊，意谓侵夺他们的威势，废除他们手中的权力。对立功的将帅，在朝中给予最高的人臣位置，以此表彰他们的功劳；在中原划出最好的土地做他们的封国，以此安慰他们的心理。对于仁慈的大众，应加以笼络而不宜使他们离心，威势和权力则是人们都很喜欢而不愿最后交出来的东西。因此军队班师凯旋以后，是关系君王政权存亡的关键阶段，所以用尊崇的官爵来削弱功臣的威势，用拜王封国来侵夺功臣的军权。有关辅佐霸王的论说驳杂不一。做君王的如果真正懂得了其中的道理，就能有效控御文臣武将；做臣子的如果真正懂得了其中的道理，就能够保全自己的功名以及生命的安全。这些都是罢兵还师以后应该掌握的原则和方法。

智慧解析

身为领导，要保证自己的权力不受威胁，必应除去碍事的人；而下属既已功成，就该急流勇退，保全自身，这是为人处世之原则。

公元前224年，老将王翦统率60万秦军伐楚，秦王嬴政亲临霸上为其送行。临行前，王翦向秦王提出请求，希望赏赐给他更多的良田豪宅、园林湖池。

嬴政笑着说："老将军只管放心去打仗吧，为什么还要担心贫贱呢？"

王翦答道："作为国王的大将，不少人虽立有赫赫战功，但往往得不到封侯，所以，我想趁大王您还宠信我的时候，及时地向您提出要求封给良田美宅，以便将来作为留给子孙的家产。"

嬴政听了，不由哈哈大笑。

等军队行进到函谷关，王翦又接连几次派人去向秦王请求赏赐给他良田美宅。

王翦手下的一些参谋、部将见他如此醉心于个人私产，都觉得不可思议，便对他劝慰说："将军您何必几次三番地要求分封田宅，这样做显得太过分了。"

"不然，秦王此人生性多猜疑，又不信任别人，现在他把秦国的所有军队都委任我统帅，我不多请求田宅为子孙后代家业考虑，从而保护自己，难道还看着秦王在朝中怀疑我有夺权的野心吗？"王翦回答说。

不久，攻灭楚国，王翦果然得到良田美宅、园林湖池，并被封为武成侯。

王翦的儿子王贲也是秦国将领，先后率军攻灭魏国，攻取燕国的辽东和攻灭齐国，被封为边武侯。王翦父子以多要田宅的办法，使秦王知道他们只恋物不恋权，所以一直受到宽容重用。其实，王翦父子是借贪财之心掩盖他们的保命、保权之意，以便给猜忌心很重的帝王一个只知贪图享乐，不求政治上有作为的印象，所以这是投帝王所好的一种心术，是为人臣子苦心保命、保权的处世之道。

伴君如伴虎。自古以来的教训告诉我们，你有用时是宝，无用时便是阻碍。领导只能与你同患难，却不能共甘苦。